运营笔记

如何成为一个优秀的运营人

类延昊 著

HOW TO BECOME AN
EXCELLENT COMMUNITY MANAGER

NOTES ON COMMUNITY MANAGEMENT

天津出版传媒集团

天津人民出版社

图书在版编目（CIP）数据

　　运营笔记：如何成为一个优秀的运营人 / 类延昊著
.— 天津：天津人民出版社，2016.12（2018.12重印）
　　ISBN 978-7-201-11172-8

　　Ⅰ.①运… Ⅱ.①类… Ⅲ.①电子商务－运营管理－研究
Ⅳ.①F713.365.1

　　中国版本图书馆CIP数据核字(2016)第290727号

运营笔记：如何成为一个优秀的运营人
YUNYING BIJI: RUHE CHENGWEI YIGE YOUXIU DE YUNYINGREN

出　　　版	天津人民出版社
出 版 人	刘　庆
地　　　址	天津市和平区西康路35号康岳大厦
邮政编码	300051
邮购电话	（022）23332469
网　　　址	http://www.tjrmcbs.com
电子邮箱	reader@tjrmbs.com
责任编辑	陈　烨
策划编辑	冀海波
装帧设计	仙　境
制版印刷	河北鑫兆源印刷有限公司
经　　　销	新华书店
开　　　本	900×1270毫米　1/32
印　　　张	9
字　　　数	150千字
版次印次	2016年12月第1版　2018年12月第3次印刷
定　　　价	39.80元

十年运营人的自我总结

江湖上一直有一个传说，互联网运营界有几位牛人，类类是其中之一。

我的一些读者曾经问过我："亮哥，你认识类类吗？"彼时，我和类类还未见过面，只是彼此都有所耳闻，所以，我一直想和类类见一面，看看这位牛人究竟是个什么样的人。

机缘巧合，我和类类的第一次见面，正好是我第一次去深圳做分享，而那是他最后一次在深圳做分享。

那次分享会上，类类给我的印象是他很有亲和力，分享到兴奋时，嘴会咧起来，甚至有些歪歪的。那时，我觉得这个经历了十多年互联网运营洗礼的人还是个男孩子，有一点儿坏坏的，还有一点儿尚未褪去的纯真。

　　从2014年起，我在百度阅读上开了个头之后，关于互联网运营的各种电子图书就层出不穷，一些书也印刷出版，包括我自己的书。于是，那次见面时，我问类类，有没有想过把自己过往的经历整理一下，写一本书，可以是关于当年在猫扑做运营的经历，会很有价值。

　　类类腼腆地笑了笑，说其实已经在做了，但总感觉写自己的经历和体验有些奇怪，虽然平时也经常会说"我当年在猫扑如何如何"，但写下来和说出来的感觉依然有些差别。这种差别让他觉得，当年的经历值不值得说，是一个问号，但他已经有了一个句号，那就是确实要写一写运营。

　　一方面，是对过去自己经历的总结；另一方面，或许可以帮到更多踏入这个行业的人。

　　很多很多年以前，在我还没入行的时候，书店里最火的书都是计算机编程的教程；等到我入行了，图像处理、动画制作的书又火起来了；大概三五年后，伴随着《人人都是产品经理》《结网》等书的出版，产品经理的书也火起来了；而现在，运营的书也开始慢慢有人在写，也能获得关注了。

　　这很好理解，互联网在中国也不过二十多年的历史，在这二十多年中，最早缺乏的一定是开发者。程序员是基石，没有程序员，互联网的任何产品和商业模式都落不了地。

当大家的技术能力差不多的时候，就开始比拼颜值，这很好理解。假如我和宋仲基都会做宫保鸡丁，我俩各开一家快餐店，我相信宋仲基的店一定比我的火爆。没办法，我再怎么减肥，也比不过宋仲基的颜值——当我俩坐在各自的店里时，这件事情就尤其没有悬念。

比拼颜值的时代，大量需求的就是设计师——早年他们被称为"美工"，现在再这么称呼，那是骂人。当颜值和功能差不多趋同时，就需要有人站出来，做出具有差异化的产品，因为即便同样是吃饭，不同的环境，不同的碗筷，不同的菜单设计，都意味着不同的格调和不同的人群。

你不会在秘而不宣的高档会所里见到"屌丝"，你也很难在普通的弄堂饭店里见到明星——除非这个弄堂小饭馆实在太出名了。

这个时候，能够解决差异化产品设计的人，我们称之为"产品经理"，而产品经理其实并不是一个人人可做的职位，苏杰提出的那句口号的意图是希望每个人都拥有产品经理思考问题的方法：理性，敏感，具有差异化思维的能力。

等到差异化也无法让产品脱颖而出的时候，就轮到营销和运营的走俏。

行业的发展，总是以野蛮生长开始，以标准化作为节点，迭代演进，逐渐繁荣的，甚至在标准化之前，就需要有一群人愿意将自己多年的经验出版成书，与更多的后来者分享，原因很简单：

如果没有对过去的总结，就无法去做梳理，无法形成知识管理，那么也很难定位到可以标准化的点。

而标准化的点，需要长期的摸索和一代又一代人的积累与总结。

于是，类类终于有了一本关于自己十来年互联网运营工作经验的作品，这本作品就是你现在拿到手上的这本书——《运营笔记：如何成为一个优秀的运营人》。

类类的写法，是先定基调——作为一个运营，需要哪些自我修养，这是从事运营工作的基础准备，然后再从活动、用户、新媒体、团队依次展开，并且用了专门的一章来给想要做互联网运营的新人一些建议。最后附送了一份"升级打怪"小攻略。

这是很有意思的一种写法。

类类说："运营是一个门槛很低的职业。虽然看似很简单，但实际上越往后越难。"

这是一个互联网运营老兵的自白。

有人问我："亮哥，运营的岗位要求为何越来越高了？"

我说，因为你没有赶上好时候。

我刚入行的时候，哪儿有什么门槛，所谓"门槛"不过是你要对互联网有兴趣、有热情，最好在学校时经常混迹在网上，有一定的文字功底，能吃苦之类的。

但现在你再看看，好像不是这样了，对吧？动不动就要求有实操经验，是不是觉得门槛有点儿高了？

而门槛的提高，往往和供需关系有关，和职业繁荣有关，当然，也和职位的标准化有关，因此，随着越来越多的牛人开始总结运营方面的经验，运营岗位的标准化也已经进入了准备期，而随着标准化进程的演进，这个行当，这个职位，以后门槛可能会越来越高，这是一个现实。

在这样的现实下，如果在校没有对应的实习经验，也不曾具备一定的理论基础，那么在挑选工作机会时，多半是盲目的，成功率也很低。

那么，要想跨过越来越高的门槛，就需要从两个角度下功夫，做出努力。

一方面，要去了解一些关于运营的理论，从前人的经验中对整个互联网行业、互联网运营职业有一个笼统的认知。

另一方面，要去实际地进行一些操作，将理论与实践相结合，得到自己的经历并进行一些总结。

这些功夫，都是需要积跬步才能之千里的活儿，慢工夫，细活儿。

我很欣赏类类在自序中的表达：学习，学即效仿，习即练习，归根结底还是在于做，在于实践。

我并不知道有多少人在读了这本书后，能够理解多少运营名词，或者掌握多少运营方法，但我知道，如果作者鼓励你实践，那么至少这个作者对你是负责的。

在这本书中，你会看到类类对于时间观念的理解，对于运营人员的基本技能和素质的看法，对于活动运营实操中的感悟；你也会看到他如何去和用户打交道，如何去看待用户在运营中的角色；你还会看到类类怎样看待运营团队搭建，如何招到合适的人；会看到类类苦口婆心地告诫新人对于职业规划、跳槽等一系列职业生涯中不可避免、无法忽视的重要事项如何决策。

从我的角度来说，类类出书这件事情，似乎更多的是想要将自己过去掉过的坑和过去的辉煌都展示给读者，让读者从他的书中去感受他的种种心得。

希望你能从类类的这本书中，找到自己的路，这可能是类类最大的心愿吧。

张亮

2016年7月19日于上海

我只想安静地做个有傲骨的学徒

运营是一项非常艰苦的工作，相信很多同行都有这样的体会——若没受过委屈，背过黑锅，吃过苦，吃过亏，挨过用户的骂，被公司同事和领导质疑，遇到瓶颈绞尽脑汁，请教别人没人搭理……根本不算做过运营。因此，也导致很多人在做了一两年之后转行了。但是，我想说："正是因为这份工作非常不易，所以既然做了，就一定要做好。"

坦白讲，我自己做得也不够好。我并不是"神"，只是在这行摸爬滚打了十几年，通过努力积累了一些实战的经验，摸索到了做运营的一些技巧。为了避免大家像我当初那样辛苦，所以我愿意把我的这些经验分享出来。我知道很多人未必能够看得上，但鉴于国内对于运营工作还没有系统化、标准化的教程可供参考，我只是希望我总结出来的一些道理、一些方法，能够给看到我文章的人一些启迪。

不知不觉，我做运营已经10年多了。在这10年多的时间里，我学到了很多别人学不到的东西。在这个行业里有一些人是冲着钱去的，而我从来没考虑过钱——许多年前，我当运营总监的时候，工资还不如一个普通的技术经理多。我一直觉得，当你如饥似渴地享受学习的快感时，那学习就应该是不计成本的，懂得舍弃的。

前段时间，马向群（北京博圣云峰总经理，杜蕾斯微博最早的缔造者之一，2010年我做微博时与他相识）来深圳找我，并且给奇酷和360深圳的团队免费讲了一堂课，感触颇深。杜蕾斯的营销创意自不必说，但其实更让我佩服的是：作为国内第一代营销人，当年他做到天极、好耶副总裁的时候，我还在读大学。但直到现在，他仍旧具备极强的学习能力。

我是做运营出身的，一毕业就误打误撞进了互联网行业。我刚入社区圈子的时候，全国做社区稍微优秀点儿的人全部聚在一起吃饭，估计也凑不够10桌。现在，互联网虽然已经是国内最热门的行业，做运营的人也越来越多，但真正优秀的运营人员却还是很难寻。在我看来，现在最好的运营人员一般都出自社区，因为社区是与人打交道的地方，而用户运营又是运营里面最难的一环，所以一些社区往往能培养出优秀的运营人员。

现在的互联网环境太过浮躁，浮躁到让很多人看不清自己，不知道自己的实际价值有多大。我现在很少看关于运营的文章了——做运营是一件很辛苦的事情，你本应被用户感动，懂得感恩。但我却看到很多自认为是运营大咖的作者，文章通篇写得竟然一点儿感情都没有。很多逻辑明明就是错的，却被作者写得理直气壮。

我一直坚信：在用户面前，我们永远都是学生、是小白。如果你真正把产品当成自己的孩子，你就会觉得一直亏欠你的用户。所以真正好的文章，一定是带着各种复杂的感情写出来的。所以，当你身处互联网这个行业时，一定要学会明辨是非。

一个人的成长是需要过程的，不恋爱就结婚总会出问题的。人这一生，时刻明白自己每个阶段真正需要什么才是最重要的。没必要活在别人的言语里，更没必要为别人而活。工作是为了自己，不是为了老板。

没人喜欢加班，说自己喜欢加班的，百分之百不是真心话。只是说我们要有这个意识，每天多学一点儿，多进步一点儿。其实，很多人毕业之后的几年，把差距拉得特别大，就是这些小小的进步导致的。

因此，我欣赏厚积薄发且胸怀大志的人，羡慕跌倒了还能爬起来继续潇洒前行的人。但我从来不羡慕那些成功者，反正羡慕也没用。现在很多人年纪轻轻就对人生失去了向往。虽然每个人有每个人的活法，但如果是我，我会觉得失去向往的人生很可悲。

我这个人是很有傲气的，十多年的时间里让我服气的人很少。工作以来，我的信条是：不允许自己跌出前二。

当年我的老板曾经生气地说："类类，要不我这个CEO的位置你来干吧？"

我的性格就是这样。后来，我慢慢学会了收敛，虽然偶尔还是会犯，但一直在努力克制。

6年前，我和我的三人团队在一个无人关注的角落里，默默无声地奋斗着。也就是那个时候，我找到了自己人生的目标，看到了人生的希望。于是，我开始拼命地往前跑。在跑的过程中我也很累，只是不想停下来，不想安逸。

这么多年以来，我一直保持着不断学习新知识的习惯，学即效仿，习即练习，归根结底还是在于做、在于实践。

在我看来，学习是一生的事情。生活中，也到处都是可以学习的机会。以前在北京，每周7天，最多的时候在5天里有近10拨人来找我，甚至有好多公司多人轮番来游说我换工作。

后来，我逃离了北京，因为有一天我突然意识到那种生活不对，我觉得自己懂还是太少，经历还是不够多，至少还没做出过太大的成绩啊。

如今，我只想安静地做个学徒。

类延昊

作者

1 运营：没有做过的人永远不懂

2 运营人的基本功修炼

3 如何做好用户运营

4 用户运营实操法则

5 新媒体运营的那些事儿

6 最有效的低成本推广

7 关于运营团队的几点思考

8 给运营新人的一剂猛药

后 记

附 录

1

运营：没有做过的人永远不懂

运营能够帮助一个人练就平和的心态，你可以用在这个过程里磨炼出的特质看待世界，看待人生。某种程度上说，这是非常有意义的事。

外人眼里的运营是什么样的

　　写这篇文章之前，我想澄清一下自己对运营的一些看法。我看了很多关于运营的文章，很多观点有失偏颇，明明完全曲解了运营工作的本质和精髓，却仍被大量转发，甚至被奉为经典。有些公司的管理者甚至以此为据，给基层运营工作人员施加很大的压力。

　　运营工作虽然辛苦，却是十分神圣的。毕竟身处一线，需要直接面对用户，不但容易人前遭骂，而且在公司也经常背黑锅，甚至不被重视。对此，我希望大家能正视这个行业，尝试去理解他们工作的不易。当然，我知道做任何工作都不容易，我这么说也并非是有意袒护运营人，而只是想要澄清运营工作真正的形态和意义。

　　首先，我来解释一下第一个问题——为什么运营不能被取代？

"技术改变世界""产品改变世界"这种说法经常有，但也只是在强调技术和产品的重要性，并不代表可以漠视运营。机器、代码、规则永远是冷冰冰的、无感情的，灵活性远远不够，我也相信未来的某一天，人类科技可以突破这些，但就目前来说，这些不足只可以通过运营弥补。而这，就是运营之所以无法被取代的根本原因。

在此，我简单地说一说人们对运营的10个误解：

误解一：运营就是打杂的

的确，运营要做的工作很多，如果你想成为一个优秀的运营，就必须做好充分的准备。

想要做好运营工作，你除了要对用户保持坦诚的心态之外，更要学会用开阔的思维看待问题，学会站在大局观上考虑问题。比如做活动，我考虑的第一要素是品牌与活动的质量，而不是数量。

你只有时时思考，多练习、多实践、多总结，才能具备"华山论剑"的资格。否则就算工作很多年，也只能是浑浑噩噩。那种明明对运营不够了解却还坚持出来班门弄斧的做法更加不可取。

误解二：再烂的产品，运营也得吞下去

我觉得这是极其不负责的一句话。如今，互联网早已不是2010年以前靠运营为驱动的时代。早年的社区产品，功能其实都很烂，凭借运营硬撑，也能做得很不错。猫扑是典型的以强运营为驱动的产品，我们社区的人数从未超过20个人，所以我们做过相当多的运营模块。能够与此媲美的还有秀场模式，他们的运营强度更大。

2010年以后，尤其是移动互联网崛起之后，人们已经进入产品时代。用户越来越注重产品体验，你的产品做得不好，即便运营强度再大，也无济于事。

所以你必须重视产品，把产品体验做得足够好——真正把握住用户的需求才能留住用户。现在这个时代，"强奸用户"的思维已经淘汰了，这就是为什么很多互联网一代、二代的成功者，现在很少出现在这个舞台上的原因。

同时，看重产品的时候，同样不能无视运营。豆瓣的产品算是社区里面做得最极致的了，甚至达到无视大数据的程度，结果导致了一些问题——其实早在这个产品诞生之初，很多问题就已经埋下隐患。一个产品，基因是骨子里面的东西，一旦种下，也许再无改变的可能。这就是产品的宿命。既然两个因素都同样重要，那么产品和运营就务必需要保持一个合适的比重，我从来不赞成堆人头的战术。产品强，运营成本就可以小，运营的压力也可以小；产品弱，运营做起来就会更加辛苦。所以，如果你现在的产品还没能得到广大用户的喜欢，就从产品上找找原因，别再只挑剔运营的问题。

误解三：运营这项工作谁都可以做

运营的工作虽然门槛低，很多人都可以从事，但是我并不认为谁都可以做好这份工作。

一个好的运营，是需要具备一定的运营气质的。在面试一个人时，其实就可以感受到这一点。做事认真、踏实务实、接地气、重视细节、耐性和韧性好、逆商够高、执行力强、思维灵活等，这些都是一个好运营必备的素质。这是骨子里面的东西，一般情况下后天是很难培养出来的。

另外一个原因就是，面试者工作六七年后，思维已成定式，不是你想改变就能改变的。所以就算每个公司都喜欢那种入职以后就能干活的人，但却不是谁都能碰到这么幸运的事。产品、技术的思维和运营的思维是根本不同的，产品和技术的逻辑性很强，而运营的思维是发散式、跳跃式的。所以好的运营会刻意规避和中和自己的思维定式的。这一点我深有体会，做产品之后，我明显感觉自己的逻辑性比之前强了很多。

还有就是，一个很优秀的运营团队更不是实习生、毕业生能够取代的。因为一个优秀的运营团队，基本上可以以一敌三。

误解四：运营就是背黑锅的

运营人员做的工作杂而多，很多都是没法拿数据来考核的。于是公司经常会把责任和指标算到运营头上。找不到责任人时，人们通常让运营来背黑锅。比如"类，你是管运营的，这个责任必须得你负""你应该怎样，不应该怎样"。是的，回首我的运营工作经历，基本百分之八十的时间都在背黑锅，简直是一部大写的背黑锅历史。想必如果哪天我要写小说，也可以写一个类似的创作题材，讲述一下我的血泪史。但反过来一想，这似乎也没什么——归根究底，一个好的项目本来就是大家群策群力的结果，根本不必相互推卸、推诿。

但是，为了避免总是冤枉同一个人：很多工作，如何赏罚，最好提前达成共识。如果确实无法界定归属，那就划定由相关人等一起承担。

很多时候，运营容易被一些"负因素"抹杀功劳，比如广告，辛辛苦苦做了很多工作，不小心遇到一个不理想的广告，导致整个团队浪费掉几个月的心血也是常有的事。但是广告本身就是一个非常复杂的系统，位置、素材、数量、效果是否合理，涉及的每个环节和要素都要了如指掌，但是又有几个真的能做到。

误解五：运营就是扛KPI（关键绩效指标）、背数据的关于这点，取决于你的公司是否足够重视运营，这个项目产品驱动的成分有多少，另外也看你个人的担当。

我这些年一直在背数据，从最初踏入这个行业做初级运营开始，到现在负责项目，始终如此。

根据我多年的实战经验，其实我更赞成把数据进行分解。这样便于发挥项目所有人的积极性和主动性，能让每个人的神经都紧绷起来，随时心里都要有根弦儿。

如果你是项目负责人，总是习惯将总目标和责任丢给下属，这就不对了。一个好的领导，需要懂得与员工共进退，能真正起到带头作用。至于那些抢下属功劳的人，我更是鄙视至极。

误解六：运营可以适当抱怨

在各种不利的情况下，还能做出东西，甚至在弹尽粮绝的情况下，还能做出优秀的运营作品——这是作为一个优秀运营所应坚持的原则。说得通俗一点儿就是，你一定要有成本意识，即给你1000元的经费，你能做出和给你100万元经费同样的效果。有求必应绝对不是所有公司的风格，靠钱才能解决问题的工作，那绝对是你个人能力有问题。

并不是说运营不可以抱怨，而是说就算你说到口干舌燥，该完成的工作也照样必须完成。领导不会让你牵着走的，否则人家凭什么领导你，能成为你领导的肯定都有一定的本事。对于你来说，永远只有两条路——要么忍，要么走。

再者说，抱怨会让你的整个团队产生负面的情绪，不利于大家抱团协作，爱抱怨的人就算能力再强，都不可留，这种人应及时辞退。

误解七：运营就是与用户聊天的

运营要做的工作实在太多了，和用户沟通只是其中很小的一部分。而且运营都是带着目的去和用户沟通的，并不是如你所想，随便跟朋友聊几句。最重要的是沟通的时间成本，每个出色的运营都会进行合理地把控，对时间观念的要求很强。

运营做的工作也不是只有拉新、留存，这个最多只能算初级运营的思维角度。"站内维护站外拉"的原则只是运营工作的一个分支——用户运营的一部分工作内容。后面还有内容运营、活动运营、新媒体运营、数据运营等很多工作需要去完成。

误解八：产品做完了，剩下的就都是运营的事情了

对此，我的观点是：运营根本就不能在产品上线之后才介入。我们常说，技术赋予一个个产品以血和肉，而运营则赋予这个产品以灵魂。所以运营自始至终就该参与到这个项目里，发挥运营的积极作用。产品上线以后，用户用的时候运营人员每天也要用，

每天都要看数据。

需要注意的是，产品上线之后还需要对其进行不断优化。一个产品最终成为何种形态，是需要根据用户需求、运营的需求、时代趋势不断演进的——连张小龙都不敢说微信的最终形态是怎么个情形，何况是咱们这些后辈。

误解九：运营有方法论

严格说来，运营是没有方法论的。几乎没有一个运营人是可以随随便便成功的，优秀的运营人员都是摸爬滚打多年才练出来的。所以，我也从来不迷信运营方法论。运营需要灵活处置，思维定式就已经很可怕了，如果你再被方法论这个枷锁给禁锢住，岂不更可怕？

互联网日新月异，用户玩社区的生命周期从最早的四五年，缩减到现在的几个月。有文化的社区本身就少，一个创意随时会被抄袭和取代，这就要求我们的思维时刻都要保持更新。也许3年前你所坚信的运营思路，现在早已经不适用了。

需要注意的是，虽然方法论不是无论何时都可以用的工具，但是可以拿来参考。它可以帮你建立自己的基本思维框架，建立基本的流程。比如运营大部分的模块，都是可以建立基本的模板的，但不可以过细，那样会束缚住运营的发挥空间。不得不承认，

90后比我们80后的思维要活跃，所以应该给他们足够的空间去发挥，并通过他们挖掘到更多与产品相契合的点。

误解十：运营可以速成

关于这点，我只能抱歉地告诉你：运营真的不能速成。真正优秀的运营人员都需要长时间的积累与摸索。

运营能够帮助一个人练就平和的心态，你可以用在这个过程里磨炼出的特质看待世界，看待人生。某种程度上说，这是非常有意义的事。我把自己积累的东西写出来，就是分享自己的心态，让更多的运营初学者甚至管理人员学会在工作过程中改变对它的看法，保持一颗平和的心态。

我希望大家都能成为一个出色的运营，经济基础决定上层建筑——你现在积累了多少，将决定你未来能站在一个多高的高度，所以，一定要好好磨炼，不要偷懒。

运营就是追求变态的极致

影响运营的关键因素是什么，其实就是细节，就是把重复的事情简单做，简单的事情重复做。做运营的人都知道影响ASO（应用商店搜索优化）的主要因素，但是很多人并不会把每个因素都做到极致。我给大家举个例子，很多APP在各大应用市场的下载界面，直接弄个截图就放上去了。但做得好的标准绝不是这样的，一个好的界面要让用户觉得方便——一看到这个界面就有下载的欲望。比如我做一个类似娱乐的专题时，介绍图一般是放几个功能的重要界面。你也可以在页面里面放几张与专题相关且吸引别人眼球的图片，这样肯定会有人下载的。首页主要是放几个功能，但绝对不是放几个截图。

我做ASO的时候，这些东西都是摸索出来的。当时，猫扑的

SEO（搜索引擎优化）项目部是我提出组建的，我对这一项目非常重视，可以说达到了变态的程度。记得《非诚勿扰》（江苏卫视制作的一档大型婚恋交友节目，现已更名为《缘来非诚勿扰》）刚火的时候，没有人帮我做ASO关键词优化，于是我亲力亲为，每一期都做到了百度搜索结果的第一页。曾经有个电视剧叫《一起来看流星雨》，从第1集到第37集，每一集我发布的讨论帖子都在第1页。后来我把这种方法运用到做互联网热点中，从那以后只要猫扑做热点事件营销，就会让我带头。然而，这是一个不好的开头，导致后来很多人在做热点事件营销时，很急功近利。这是一个教训，我后来反思了好久。

下面是马哥（马向群，杜蕾斯官方微博的缔造者）分享给我的一个案例。Wiss是深圳一家经营化妆品的企业，他们在粉丝效应方面做得特别极致。他们的做法我真的没想到——他们的企业微博有350万粉丝，大家知道微博有评论、转发、点赞功能，他们的运营人员（其实是比客服的技术含量高一些的运营，并非强运营）会点开每个粉丝的头像去看，然后跟每一个粉丝聊天，从而获取用户的三项资料，我记不清楚是哪三项了，但其中有一项就是这个人的肤质，想想这多难。其实运营就是把别人想不到的细节做到更极致，更有特色。他们的创始人很年轻，是1989年出生的，公司就三个合伙人，到去年年底，他们仅用了两年的时间，年收入就已经达到了一亿元。为此，我觉得要做好运营必须具备两个因素：

第一，运营必须练好基本功，然后才能融会贯通，做出亮点。

运营没有好多人认为的那么高深。我们平时做的工作，其实大部分都是在"冰山"下面的，都是别人看不到的，领导更不会看到，很多工作我都觉得不好意思跟老板汇报。但只有"冰山"以下的东西积累够了，"冰山"上面的工作才能做得更好。

其实工作好比一面墙，好多人都喜欢绕着墙走。我很佩服一种人：找梯子的人。因为有些墙你是无法直接跳上去的，而梯子就是一种方法，找到方法之后，才能更好地去翻墙，而不是蛮干。

经过十多年的摸索，现在当我拿到一个项目的时候，我知道怎么搭配工作模块，怎么做内容运营，怎么做SEO。如果你没有这个经历，你就不知道这些东西的重要性。大家现在做活动基本都有预算。我工作的时候，大部分情况下是没有的。做活动所需要的奖品，都是我拉下脸皮到处索求、到处蹭来的——猫扑后期常常处于"断粮"的状态，做活动的时候，我亏欠过用户很多奖品，但是没办法，因为真的没有预算。其实我也考虑过怎么把猫扑做到线下，怎么和服装和鞋子结合起来，怎么去盈利，虽然老板毫不在乎，但我一直在考虑怎么让猫扑开源节流，活得更好。

我曾和百合网的创始人慕岩聊天，他说百合网的客服工作也不都是那种高大上的，运营不是做高大上就能做得很好的。他们尝试了很多工作，有一件事做得特别有效果——他们成立了一个二十多人的团队，专门做老用户回访。比如一些老用户曾在百合网有过相亲经历，他们就问对方遇到了什么困难，他们会尽力帮忙解决，后来发现转化率特别高。

运营不是混年头、混资历，而是要掌握各种运营手段和方法，模块怎么搭建是你的事情，只是有些经验可以复制而已。

运营工作哪有那么多高大上的事情可做？咱们是做事的，不是空谈战略、空谈愿景的，运营整天做高大上的事情，必然会一败涂地。

第二，运营就是把经验、经历转化为价值，苦尽才会甘来。

运营就是把经历迅速转化成有效价值的过程。我给大家讲一个我临沂老家流传的故事。

有个富翁，他几个儿子都不怎么孝顺。临死前他跟其中一个比较孝顺的儿子说："我有一千块银圆，都给你，你拿去做事情吧。"

20世纪80年代末，儿子把一千块银圆换成了两三万元，这可是一笔巨资，那个时候万元户是很少见的。他把钱藏在了房梁上，过了很多年，突然想起来房梁上还有钱呢，打开一看，顿时傻眼了，钱全被老鼠咬烂了。这个故事告诉我们，要把自己拥有的东西迅速转变成有效价值，迅速变现。

所以，学习能力对于一个人的成长是非常重要的。但现在有些人可能一毕业就丧失了学习的能力。

另外，我们一定要知道别人说的话是否有道理，不要别人一说你就反驳。每个人的成长和平台都不一样，有些人可能学习比较好，大学毕业后就进了比较好的公司，然后结婚生子，被琐事所累，就这样过完一辈子。而我则是那种走南闯北，以事业为主的人，需要的东西就努力去做，去得到。

运营工作的最高境界：感情运营

有不少人总是介意我谈情怀，介意我说的"感情运营是运营的最高境界"。他们没有想过，当你对自己的工作都无法产生感情，又如何说服自己去认真地、踏踏实实地做好它呢。要知道，这是工作的出发点。正所谓"无情之人做不好社区"，以商人的心态做社区，结果必定适得其反。下面我就来谈谈我对感情运营的一些看法。

一、感情运营有三个前提

第一，你必须热爱自己的工作，把兴趣融于工作，才能发挥出最大的潜力和威力。

对于这点我想不用我多讲，大家也明白。关键是，你能不能坚持下去。

你是否曾为了多拿几百、几千元的月薪，跳槽到一个自己根本不喜欢的行业？对此，我曾对我带过的人说："你在一个公司的价值，绝对不是以多了几千元钱来衡量的，而应该以倍数计算，这才是你应该努力的方向。"

你是否问过自己"究竟喜不喜欢这份工作"。如果不喜欢，那就换一份自己真正喜欢的工作吧，千万别勉强自己。30岁之前是积累经验的黄金时期，30岁之后，有多少人还能虚心请教、深入一线？所以，你的时间并不多。一年年蹉跎过去，曾经的雄心壮志也会渐渐归于平淡。

如果你工作了几年还没能找到自己真正的兴趣点，那我只能用可悲来形容了。但是有一点必须说明：兴趣是可以慢慢发掘甚至改变的。以我的亲身经历为例，许多年前，我特别想去腾讯做一名体育编辑。理由很简单也很幼稚：我喜欢NBA，我以为入职腾讯做了体育编辑起码能得到一个五位数的QQ号。直到我进入猫扑，才真正领悟到做社区的魅力，它甚至改变了我过去对论坛的看法。那时，我才真正明白自己的兴趣是在哪里。

第二，认清、正视自我。

每个人在接触一项工作前，都应该先问问自己：我为什么要努力工作？无非是想让自己未来的简历上能够多那么一点点耀眼的光芒；我们为什么要学会"忍"？因为要把这个字变成"韧"；我们为什么要学习和积累经验？因为自己做得还不够好，学海无涯，山外有山，人外有人。

你选择一家公司，选择一份工作，问过自己究竟要的是什么吗？如果答案是清楚的，那就放心大胆地做。

我每次面试有两三年工作经验的人时，总会对他们说："工作两三年后就会进入一个心理浮动期，你可能认为自己积累得已经不错了，很多人甚至觉得自己都可以去创业了，其实不然。你要学的东西还很多，这个时候你应该去一家公司，好好沉淀三四年。哪怕这家公司再烂，你也需要系统地熟悉和了解一个行业，让自己能有一个和公司共同成长的过程。"

第三，学会感恩。

你必须感激那些帮过你，带给你变化，激励、刺激你，对你严苛的人。

直到现在，我还记得把我带进互联网的启蒙恩师。他姓赵，17岁就获得了东北师范和河北美院的双学位。带我时他32岁，已经有9年的教龄，从事互联网行业6年。我从他身上学到了做好工作的必要条件：无怨无悔、勤奋、付出。

现在网上的负能量太多，很多人在私下里讨论公司多么多么不好，这是个相当坏的习惯——你要知道，抱怨、负面情绪是会传染的，会让你的心情变得更糟，所以真不喜欢就别勉强自己了。当然，就算如此，你还是应该感谢你的公司，起码它支付你薪水，让你不至于饿肚子。

你也必须学会感恩用户。懂得这点，你才能真正地学会尊重用户，领悟到这才是用户运营的基本出发点，并最终学会换位思考。这对你的工作将大有裨益。

二、感情运营需要让自己的思维经历几个转变

第一，一颗不满足的心。

永远不要觉得自己已经做得很完美了，尽力做到让自己满意即可。每天比别人多努力一点儿，日积月累，你和他的差距将不止一两倍——这和财富的积累是同样的道理。反之，当人家占领了胜利的高地你却还处在启蒙期，你如何能追得上？

因此，要保持一颗谦虚好学的心，永远不要觉得自己的知识储备足够了。如果你有条件学习更多的东西，那就抓住机会多学点儿；就算没有机会，也要学着给自己创造机会。比如你是个编辑，你完全可以去学习运营，学习一些产品相关的知识。追根究底，就在于他们有重叠的部分。比如通过掌握社区的基本逻辑、功能，加上你的基础底子和对社区的理解，是完全有可能向产品

人员过渡的。

第二，让自己的思维保持灵活。

以前我当编辑时，因为每天都只是做一些重复性的工作，所以很容易思维僵化。后来我认识到这一点，花了三个月的时间才有所转变。

所以，当你感觉自己每天都只是重复做一些事情时，你就需要警惕了——也许你的脑子已经变得迟钝。这很可怕。

让自己的思维不僵化的方法很简单：每天逼自己做一些不同的事情，开拓思维。在我的职业生涯中，我做过很多我本职工作以外的事情。刚开始的时候虽然很累，但好处也是显而易见的——那些事情，让我将运营工作的所有环节全都经历了一遍，对这个工作也有了更加清晰和深刻的认识。

或许你的职位暂时不允许你接触更多的东西。但哪怕最微乎其微的一步，你也应该行动起来，比如只是发一篇帖子。你只要能要求自己比别人多做、多想那么一小步，渐渐地就能掌握更多的东西。千万不要小看积累的作用。

第三，学会让自己的工作变得更简单。

我在这里说的让工作简单，绝对不等于投机取巧，而是要学会节省时间——工作是取不得巧的，思维决定行动。

那么，节省下来的时间用来干什么呢？当然是用来学习更多的知识，做更多更有意义的事情。

运营工作往往很细碎、很复杂，涉及的东西很多，需要花费很多时间。最要命的是，它是一项长期的工作，短期内不容易见效，这也是很多公司忽视运营的原因。所以，耐性不好的人无法成为一个优秀的运营，而对运营没耐性的公司也注定做不好运营这个环节。

想要工作变简单，有个很有效的办法：就是学会总结归纳，把基本的运营工作变得流程化（但不是所有运营工作都可以流程化）。比如用户运营、活动运营、内容运营等细分工作，都可以形成一个流程去处理。

三、感情运营需要知道的几个原则

第一，"二八"原则。

这是运营工作中最重要的一个原则。所有的工作都要遵循这个原则。在运营行业中，如果一个人能把"二八"原则用到极致，那这个人将是非常厉害的。你试着深思一下就能理解：运营的每个环节，都是可以再继续细分的。利用好"二八"原则，就等于是把最管用的办法用出极致，这就是所谓的高效。

第二，用户至上原则。

运营工作中最基础的一环就是用户运营，最难的一环也是用户运营。用户至上、用户为王——很多人都知道这个道理，但从来只是挂在嘴边，根本不按原则处理事情。这是怎么一回事呢？其实就是根本不懂用户。一个从来没跟用户认真交谈过的人，是没资格谈运营的。很多产品型的公司，核心需求只是来自调研，这完全就是错的。真正的需求来自核心用户，调研的结果只能作为参考。

第三，换位思考。

所谓的换位思考，其实就是站在用户的角度想问题。要做到这点虽然比较难，但这是处理某些问题最有效的办法。特别是当你不能理解用户，不明白为什么对方一定这样要求时，你试着站在他的角度考虑一下，自然就会明白了。

第四，类比推理。

做运营，其实就像管理一家公司。你就是CEO，想要做得最好，就需要付出足够的感情。

所有用户团队的管理，或者用户工具的运营，都是需要分级管理的。好比管理一个部门，至少得有个leader（领导）吧，且管理人的等级至少也得是两级。

总之，如果你真正具备了以上这些所谓的"特质"，就达到了马斯洛需求层次理论里的最高阶段，即自我实现的需求。要知道，只有5%的人才能达到这个境界。当你达到这个阶段后，公司根本就无须要求你加班，领导也根本不用天天催你，你自己就会强迫自己去成长，去学习，去踏踏实实地实践——因为你已经懂得，你不是为任何人卖命，而是在为自己工作！

2

运营人的基本功修炼

运营工作中基本功的练习，都是需要花大量时间踏踏实实、用心进行实操的。看似简单，但在实际操作过程中，你会遇到很多意想不到的问题。此时，你需要补充很多其他的知识来解决遇到的问题。并且很多时候，结果跟你预期的也会完全不同。

先决条件：做事的霸气

生活中，我们做任何事都要有一定的霸气，做运营也一样。这个霸气可以作为界定运营人员能力大小的标准。我将运营按照能力划分为：顶级运营、高级运营、中级运营，初级运营。事实上，现在很多公司都存在一种从来不看平台、不看title（头衔），虽然挂着运营总监、运营vp（泛指所有的高层副级人物）的名头，却对任何运营环节都不懂的职位。这样的人实际上只相当于一个管理者，并没有一线的实操经验，谈到具体细节就说不出个所以然了。

很多时候，一个人只是看起来优秀，或者说是他的平台把他衬托得优秀，而不是真的很有能力。运营工作，说到底是需要解决问题的，需要接地气。所以，我从来不喜欢空谈战略、大谈道理的人。我宁愿把时间用来做点儿实事。

你会发现，真正优秀的运营人员都是非常踏实的，从一线摸爬滚打做起来的。所以我说的这个霸气，是以踏实做事为先决条件的。

运营工作虽然细碎，说到底就是基本功。当你做工作能做到条件反射，能懂得融会贯通、灵活运用时，自然能把工作做好。我说的这个霸气，也不是指说话有气势，能用吐沫星子淹死人。很多运营人员都是不太善于表达的人，再说这个跟性格也有关系。我从来都不觉得爱吵架的人能做好运营，这种人反而经常坏事。因为一个人平时的行事作风，一定也会非常自然地体现在工作上。要知道，在网络世界里，你的一次冲动行为也许用十次好的表现都无法挽回，用户走了就永远走了。一个好的运营人员往往能够做到以德服人，这是非常难得的。如果你习惯了用俯视、不屑的姿态处理事情，或者关键时时刻习惯露出一副欠揍的表情，那我奉劝你还是不要做运营了。

我在猫扑的时候，有一个女孩给我的印象非常深刻，我说的这个霸气在她身上体现得很明显。那时候她负责的版块在猫扑《大杂烩》里面也是最出色的。那个女孩就是写出了《腾讯运营兵法：七情六欲聊运营，如何做更懂用户的产品运营》，现任QQ空间功能、创新项目运营负责人陈婷婷。优秀的人就是这样，走到哪里都会发光发亮，永远不会被埋没。

我特别不喜欢做事软绵绵，总是用习惯性思维对待每件事的人。时间久了，只会越来越迟钝。反之，只有那种每天都能把自己工作的亮点总结出来，每天都能保持进步的人，才有可能在未来变得优秀。

所以，你若真想成就一番作为，就只能在运营上下功夫。那些天天围着领导转，总想着表功的，往往成不了大事。我见过很多思路清晰、工作汇报非常棒的人，但他们算不上顶级运营。

很多事情其实都源自我们的不甘心、不满足，所以才做出了连自己都想不到的决定。我天生愚笨，不是一点就通的人，幸运的是若干年前终于开了窍。或许是因为开窍太晚，到现在也没做出多大的成绩。我这些年的经历过于曲折，也许正是因为有太多的不甘心，我经常强迫自己做根本不喜欢、不愿意做的事情，只为了能比别人做得稍微好那么一点点。因为笨，所以我只能一直以厚积薄发聊以自慰。

如今，我个人有三个QQ、三个微信，微信群甚至根本拉不到底，粉丝群有35个，群里总计14000多人。或许这些你听起来觉得很不可思议，但对于我来说，这很正常。或许是因为已经成为习惯了吧。

　　总之，我对霸气的定义是：做事要求极致，只争第一，不达目的绝不罢休，骨子里面有一种对任何人都不服气的劲头；相比别人的认可来说，更看重自我认可；当你拿到一项工作时，能够把你与众不同的地方体现出来，能做出特色；就算你换了工作，甚至更换了行业，你也一样能把它做好。因为你骨子里面不看别的，只看能否给自己一份满意的交代。我想，这就叫霸气。

　　最后，我和大家分享一下我的心得：没有个性的人，一定成就不了大事，失去好奇心的人，终将只能做个凡人。

关键因素：对工作充满自信

前几天看到一则笑话——

记者："大爷，您腿脚这么灵活，精神这么旺盛，保持年轻的秘诀是什么？"

大爷："风吹，日晒，起早，贪黑，熬夜，一天两包烟，一日三餐没准时。一年365天天天加班！"

记者："啊？大爷您是做哪个行业的？"

大爷："做运营的。"

记者："那大爷您今年高寿？"

大爷抽了根烟，45°仰望天空，说："26啦！"

这则笑话言外之意就是说，运营是一件非常辛苦的工作。但是无论这一行有多苦，只要选择了，再累也要硬着头皮啃下去——谁坚持到最后，谁就最强，这就是运营。在这篇文章里我主要分享一些可以让运营人员建立自信的方法和技巧，希望能够对大家有所启发。

第一，不喜欢的行业不要进，照顾自己的兴趣。

"把兴趣和工作结合，才能发挥最大能量"，这句话我说过很多次。

记得以前猎头曾为我推荐过很多汽车行业的职位，比如汽车之家、PP租车等，我基本都拒绝了。理由很简单：我这人没方向感，一旦阴天就分不清东西南北，加上我能记住的汽车标识总共也不超过10个，确实对汽车行业没有太多的兴趣。同类型的，比如母婴行业，试想我连女朋友都没有，又怎么可能去接触这一领域呢？

总结下来就是一句话：我不会做金钱的奴隶，不会为了高薪就选择自己并不感兴趣的行业。因为我知道只要做得够好，该来的自然会来，不必急于一时。

当然，很多行业你现在不感兴趣，并不代表以后也不感兴趣。很多兴趣其实可以后天培养的，比如玉器，我最近就在研究。但我绝对不会勉强自己做内心不喜欢的事情，那样于人于己都不好，更不能把自己本身的潜能激发出来。

第二，给自己的进步一点儿小奖励。

人生不如意事十之八九，千万别因为一些无所谓的事影响了心情，从而让自己气馁。如果真的靠公司给你加薪、升职才能让你获得最大的满足感，那你一定会失望。因为这种概率实在太小了，就算你再努力，也不一定轮到你。

或许是小时候养成的习惯，我们总认为如果有进步，是一定能得到嘉奖的。就像小时候每次只要考到第一名，妈妈总会煮个鸡蛋或是买个炸鸡腿作为奖励。可长大成人，成为上班族以后才逐渐领悟到：并不是每一次的进步都会有人为你喝彩，而你也不能期许有人为你加油才去努力。

对我而言，正是在北京的15年的生活，让我慢慢学会了慎独。现在，我已经不再需要用一种形式上的奖励来告诉自己今天是我的生日或者其他。

要习惯没人喝彩和鼓励的生活，只有这样，你才能轻松自如地督促自己随时都能进步。当然，必要的时候，你要关注自己的进步，给予自己一定的奖励。一定要懂得自我调节和安慰，一定要让自己每天都过得充实，每个月、每半年、每年都有进步。如果你取得了一些成绩，比如你负责的数据创了新高，你可以奖励自己一个小礼物，女生可以给自己买一件衣服、化妆品之类，等等。

第三，让自己不断地去尝试新工作。

运营的基础工作其实都是极其枯燥的。我刚开始做运营的时候和很多人一样，每天做得最多的事情就是Ctrl+C（复制）、Ctrl+V（粘贴）等。我负责的第一个版块是《真我秀》，有机会接触很多美女，但日子一久，看多了也会觉得腻。重复的事情重复做，工作本就是如此。

但这并不意味着你的工作没有意义，或你无法在这份工作上得到提升。对于这种情况我的做法是：

首先，对于每天必须完成的任务，我会想办法提高效率，并同时保证效果，尽量节省时间。

其次，合理利用节省出的时间。一是用来尝试新的工作内容，二是用来思考。所以我总是有时间去做一些别人不敢做、不想做、不曾做的事情。

再次，充分利用下班时间。运营本来就是一项长期的工作，你不能指望上班的八个小时就是全部，而要比别人多付出一点儿。

在此，我也希望公司能给运营人员提供一些交叉工作的机会，至少我是这么做的。

最后，给自己的每个工作细节设定目标。带着目标去做事，这是我一直坚持的。

绩效指标只是公司或者领导给你设定的，如果纯粹为了绩效而工作，那你必然会陷入误区，走向极端，因为任何一个数据指标都有作弊或者急功近利的手段。所以对于每一项运营工作，最好都能设定一个目标，至少在自己的心里有个目标。

比如活动，我会以活动参与的质量为目标，而不是数量，秒杀活动除外。

比如用户沟通工作，我会以解决问题为目标，至于使用何种手段则不是重点，哪怕是软硬兼施。

比如起标题、写文章，我会以自己满意为目标。

比如版主管理工作，我会以有效版主的数量为目标。

……

总之，无论做什么工作你都要清楚，对于自己来说什么样的结果才是最好的。这样在目标拆分时，你才能知道每个环节该如何去设定。

第四，必须培养自己的数据意识。

数据是大部分公司界定运营人员工作完成度的唯一依据，关系到你能否顺利升职加薪。因此，看到数据涨，想必是每个运营人员最欣慰的事情。

第五，要努力拓展人际关系，认识牛人。

其实这点现在很多人都在做。早年做运营的人可没这个意识。掐指一算，我这些年少说也接触过几万个用户，可以说形形色色的人差不多都见过。

我们都知道，用户运营是自上而下进行管理和维护的。这就意味着：倘若你有心，能够想方设法去接触那些所谓的牛人、达人，自然就能到达用户金字塔的顶端。倘若再能搞定他们，那么棘手的问题自然就迎刃而解。

用户资源有多少是检验运营人员能力和水平的一项重要依据，认识多少牛人则是一个顶级运营人员所应有的基本素质。所谓自信，便是来源于此。

运营人员的自信心是一点一点培养起来的，所以不要小看一些细节、小事，如何能从各种运营工作的细节中找自信，发现运营工作的乐趣，是每个运营人员必须努力探究的重点。

运营人员的基本素质

经常有人问我"什么样的人最适合做运营""一个优秀的运营人员需要具备哪些素质和能力"之类的问题。其实很难说适合或不适合，没有人与生俱来就适合做运营，很多人其实都是在后天的学习和日积月累中形成了某些所谓的素质。只是说，在做具体每一项工作时，你要有一个基本的判断——值得做的事情就应该努力把它做好，不值得做的事情就应该懂得放弃。对于那些"食之无味，弃之可惜"的事情，也要直接放弃。在这篇文章里，我简单说说运营人员应具备哪些基本素质。

一、运营人员的特质

所谓特质，其实就是一个人骨子里面的东西。一部分包含个性、心性、天性的因素，另一部分包含个人的心理素质。我把特质放在第一位，说明这一点是最重要的。因为这些特质不仅决定了一个人的行为，而且有助于激发一个人身上的各种潜能。

这就好比你的"小宇宙"，它的强弱决定了你可能会把事情做到何种程度。具体地说，我觉得包括责任心、态度、对细节的关注、耐性、韧性、逆商、做事的魄力和霸气、价值观和品德修养等。这些东西里有些是先天的，但大部分其实是可以通过后天培养出来的。比如我的很多性格和价值观，就是在做运营的过程中逐渐培养出来的。

我觉得这些是决定一个人能否做好运营的至关重要的因素。大家都知道冰山模型，你会发现，这些特质基本都是"冰山"以下的那些东西，不容易外露，平时不易察觉，至少从感观上我们不可能一下子看出一个人到底有没有这些特质。一份工作，我们很可能不会做一辈子。那么，当你换了一份新工作之后，是否还能做好，这"冰山"以下的80%的东西便能真正发挥作用了。

而这些东西往往需要长时间的磨砺。为此，我们应该感谢逆境带给我们的成长。需要注意的是，每个人的经历和出身都是不同的，比如价值观，我们形成一个基本的判断之后，可能一辈子都改不了。很多人身上多多少少都有自己之前某个领导的影子，因为毕竟每天耳濡目染，下属会形成基本的判断：他认为对的，他就会学习和继承；他认为错的，他会规避。但这个世界上，哪有那么多事情能分得清对与错？

中国有一家女性网站，长期以来形成了冷漠无情的工作氛围。毕业生或者职场新人一旦进入之后，潜移默化地就继承了这些职场上的坏东西。这些人到了其他公司，就会把这些坏东西也带到那里，影响周围的其他人。我之前就曾经有这种经历，许多年后，依然耿耿于怀。这样的例子，其实还有很多。

二、运营人员的文化素质

关于运营人员的出身，这个是没有硬性要求的。没有所谓"××专业毕业的，一定比××专业的更适合做营运"这种说法。我大学学的是中文专业，无双（把我带进猫扑的人）大学的专业是空气动力学，造火箭的。但我们一样进入同一家公司，做了同样的工作并且都还做得不错。再者说，对于运营这项工作，目前也没有一个专业是和运营工作完全对口的，大学里也没有这门课程。

想做好运营工作，做好用户工作，其专业素质还是要求过硬的。运营工作涉及的工作模块很多，如果想要做到专业，就意味着必须懂很多东西，比如数学学得好，在数据运营方面就会有一些先天的优势；心理学学得好，在用户心理、用户意识方面就会把控得更有分寸；中文学得好，文字能力就会相对较强，等等。

同时，做运营要有一定的文字功底，如果一个人连文案都写不好，怎么可能成为一个出色的运营人员。"我文字功底差"这句话，压根就不允许从一个运营工作者嘴里说出来。不好不会练吗？而作为专攻用户运营模块的运营人员，对于这两方面的要求会更加系统化、规范化一些，比产品运营、商务运营要高得多。

基本功同样需要常年的实践和锻炼才能练成，你要相信：工作8年的和工作2年的，绝对不一样。基本功依据每个人的用心程度会产生巨大的差异，而且会越拉越大——同样工作5年的运营人员，可能在能力上已经有了天壤之别。有时你会发现很多人理论一套一套的，而做起事来、实操起来就不行了，差别就是这么体现出来的。

三、运营人员的品德和修养

这一点看似和工作关联不大，但若放在用户工作层面，就会有千丝万缕的关系了。

我们是整个平台的运营者和管理者，是用户体系、生态的建设者。一个社区的文化，归根结底是我们和用户共同打造出来的，而我们又属于这个社区文化的引导者。我们的一言一行，用户都看得很清楚。很多价值观、思维观念都是通过你传递给核心用户的，然后又通过核心用户传给更多的用户——某种程度上，我们是"根"。有时候，用户传播你的某些"故事"会较一般人快，波及面更广。倘若你是个人品低劣、品德和素质低下的人。那就甭指望整个平台能好到哪儿去。

你在平台的威望，你在用户心目中被打上一个怎样的标签，跟你的品德、修养息息相关。不要小看自己能够发挥的作用，如果你足够努力，平台也能因你而产生巨大的变化。我在之前的运营职业生涯里，曾经多次真切地遇到过、体会过。

运营人员的基本能力

在上一篇文章中，我介绍了作为一名运营人员应具备的基本素质。接下来我来说说运营人员应具备的能力或者运营工作中的一些技巧。

一、和用户打成一片

要做到这点其实是非常难的，大部分做运营的都在有意无意地回避这一点。但对于用户运营工作人员来说，回避就等于逃避。如果一个运营在社区型的产品上工作了若干年，结果用户连你这个人是谁都不知道，那你的工作就是非常失败的。

能力是什么？你经手过10万个用户和你经手过1000个用户，这之间差得肯定不是100倍。和用户沟通几乎是每个用户运营人员每天必须要做的事情，当然我们不需要像客服一样那么标准化和流程化。如果一个运营人员按照那样的方法处理问题，反而会像一个机器人。但正是在我们年复一年、日复一日地和用户的交互过程中，我们才能了解用户，摸清楚用户的典型性特征，在用户群体里形成一个自己独有的口碑。所以说，口碑如何，全在个人。

什么叫作用户？这个概念并不取决于你掌握了多少用户资源，而在于有多少用户认识你，甚至非常喜欢和你聊——用户真正打心眼里把你当成他们的朋友、知心人，觉得你靠得住。为此，我们不能避实就虚，而应该帮用户实实在在地解决问题。不能打着"用户为王、用户至上"的幌子，故意将用户的抱怨、吐槽丢在一边，置之不理。

某种程度上，能做到和用户打成一片的人，对于平台上用户的需求一定是了如指掌的，因为他时刻都关心用户在表达些什么。对于他们来说，哪些需求该做，哪些可以放弃，有时候只是条件反射而已。

二、了解用户驱动和用户心理

我们常说的用户驱动，其实有两层含义：一种是我们在与用户的长期接触、磨合过程中，了解和把握用户的需求。我们的产品优化和改进、运营手段和策略、市场行为、销售策划等工作都应该符合用户需求，不能逆天。我见过有些产品的设计，一些思路和出发点完全是"逆天"的，就是说如果你自己是一个普通用户，你自己都不肯使用、不会接受，用户又怎么可能接受呢？难为用户就等于难为自己，这又是何苦呢。

另一种含义是，我们需要懂得驱动用户，把用户往有利于我们的方向去引导。比如活动运营，做活动的目的是为了让用户更加方便、简捷并且非常乐意地去参与活动，并且能拿到奖品。为此，做活动之前应该有一个心理预期，并努力保证达到或者接近这个预期。某种程度上，我们不能任由用户的行为自由地发展和进行下去，但也不能明目张胆地干预和干涉用户的行为；甚至有时候基于口碑、PR（网站的PR值，全称为Page Rank，是Google搜索排名算法中的一个组成部分，级别从1到10级，10级为满分，PR值越高说明该网页在搜索排名中的地位越重要）的考虑，我们还需要进行有效的制止行为。

关于用户心理，其实一个出色的用户运营人员在心理学方面都有着天生的悟性——很多用户都会受到从众效应、破窗效应、收集癖、罗森塔尔效应等的影响。其实，当我们遇到某一个用户，就好比拿到了一个用户样本，他到底具备怎样的标签，潜移默化中你应该有个基本的判断，并且拿出一个相应的对策。其中，女性用户是很难突破的，想要维护好女性用户，你首先得让对方感到你是能够信任的，这样她们才愿意对你说出心里话。

三、自我调节和心理修复能力

运营工作是一件非常繁琐的工作，有时候很多工作可能很枯燥、很无聊、很乏味，做起来毫无成就感，甚至在部门和公司找不到存在感。运营的很多工作，真到汇报的时候，也许还真找不出几个亮点，汇报的结果不一定客观，何况很多人还不善于汇报，结果好事变成了坏事。对这点我有很深的体会，毕竟我就是这么一路走过来的。有可能你觉得自己非常努力，到头来在领导面前还不讨好，反而是那些善于汇报或者阿谀拍马的人更能讨领导的欢心。为此，很多做运营的就会觉得不爽。

所以说，自我调节能力是每个运营人员必须学会的，当然这个难度要远远大于其他工作。在用户那里碰了钉子，下次注意就行，凡事别在同一处跌倒三次就好。学会修复自己的心情比什么都重要。很多事，其实也没必要太钻牛角尖，有时候，雨过天晴之后，也许会更加美好。

归根结底，这是心态问题，培养一个良好的心态是每一个运营人员必须要努力的。

四、自我判断、认知和元认知能力

自己处于什么阶段，对此每个运营人员应该有一个基本的判断。狂话，不是你说出来就有人信的，给自己打气可以，但保持谦虚、低调、谨慎总是对的。

我见过很多人，刚工作两三年就出来炒作包装自己。有些东西，他明明还没达到一定的水平和境界，就说自己如何优秀。所以与其做出头鸟，不如静下心来好好夯实自己的基本功。多说几句"我是来学习的"，有什么不好？

做用户工作，每天都会遇到无数件需要你做出判断的事情，大部分事情都需要做到及时判断。我们讲运营工作的条件反射，其实就是拿到某一项工作的时候，你脑海里会立刻呈现出一个画面和场景，形成自我的基本判断。认知能力就是个人获取和保存知识的能力，如注意力、观察力、记忆力和思维力等。

很明显，一个人头脑里储存着某种知识是一回事，但这些知识在需要的时候能否加以利用却是另一回事；具有技能和应用该技能是两回事；改进某种作业和对作业改进的了解也是两回事。对于这些差异，心理学家用元认知能力这一术语来加以说明。所谓元认知能力，是指个人对自己的记忆、理解和其他认知活动的评价和监控能力。人们的元认知能力是有很大差别的，专家和新手的明显区别不仅在于前者对专业知识知道得较多，而且还在于善于应用和组织所知道的知识。也就是说，在元认知能力上他们有着明显的区别。

五、同理心（换位思考）

同理心又叫作换位思考、共情，是指站在对方立场设身处地思考的一种方式，即在人际交往的过程中，能够体会他人的情绪和想法，理解他人的立场和感受，并站在他人的角度思考和处理问题的方式，主要体现在情绪自控、倾听能力以及表达尊重等与情商相关的方面。

换位思考是用户工作中一项必须具备的能力。我们仔细想想就会发现，我们或者我们周围的人经常做一些违背用户意志的事情。很多人的思维逻辑、运营观、价值观纯属自己主观臆断，其实就是自己随意琢磨出来的，他们却把这些不负责任的观点强加给用户——如此一来，用户当然无法理解你、认同你。

换位思考是情商的一种体现，因此，高情商的人做用户工作相对会有很大的优势。

其实，某种程度上，换位思考就是尊重用户。我们应该相信用户，把用户真正当成跟你共建这个平台的合作伙伴，而不是你的工具。尊重用户，就等于尊重自己。

六、执行力

这一点，也是用户工作必须要具备的。我们"80后"和"90

后""70后"的思维观念完全不同。领导交代的工作，很多"90后"没做之前，就已经给出基本的判断了。这是很多"70后""80后"领导所不喜欢的。我记得我们工作那会儿，领导骂我们一句话，有时候我们会思考一周，觉得很歉疚，而绝对不会去怪罪领导。当然老骂人肯定是有问题的。

执行力是什么？领导交给的工作，如果你无法给出合适的理由去拒绝，那就老老实实地去做，做好的标准是什么？让自己问心无愧即可。

其实话说回来，运营工作还有个特殊性，就是很多工作真的没法做判断。因为点实在太多了，细节实在太多了，也许一着不慎满盘皆输。一件事情做成，因素可能有很多，我们要学会判断。有些工作，平台太大不见得是好事，也许你的思路并不是正确的，平台的优势导致事情做成了，离开了这个平台，这个优势就荡然无存；平台太小也不是好事，因为你即使有很好的解决问题的办法，却不一定能够有机会得到验证，思路因而被阉割，无法形成判断和认知。

运营工作就是这样，只能够在多年的磨砺过程中慢慢培养和总结。这也就意味着：对一家公司而言，一个有多年运营经验的运营人员，其价值是不可小觑的。

不可或缺的时间观念

　　运营工作的特殊性，决定了运营人员必须要花大量的时间去夯实自己的基本功，丰富自己的知识框架。为此，运营人员要学会克服自己的惰性。作为运营人员每天工作8小时肯定是不够的，可能要花12小时以上。因为运营有太多的东西需要学习，有太多的模块和领域需要涉猎。

　　但是，时间花得多，并不等于死学、死用功。加班时间多并不代表工作就做得好，这是两码事。如果你真喜欢这份工作，真想努力，其实在公司和在家没什么太大的区别。真正的人才，会懂得给自己提要求。什么情况下，值得花比较多的时间；什么情况下，需要节省时间，聪明的人都有自己的判断。那么，运营人员需要掌握哪些基本的时间观念呢？

一、关于运营基本功的练习，不可偷懒

我这里所说的基本功是指分布在运营工作主线上，无论你将来从事任何一种运营工作，都能够复制、复用，需要反复练习、试错，并达到熟练运用的基本工作能力和技巧。

基本功对于运营人员来说是非常重要的。当然，针对不同的运营模块，基本功的内容可能有所不同。比如，用户运营人员，基本功主要包括用户沟通、用户维护和管理、用户规则的梳理、基本的活动运营内容等；内容运营人员，基本功主要包括文案的撰写、PS的基本技巧、图片和文字的甄别能力、行业的知识储备等；商务运营人员，基本功主要包括：社交的能力、谈判的技巧、文案的撰写、PPT的制作、人际关系和人员的积累等。

另外，根据不同公司和岗位要求的不同，对于基本功的界定可能也会有所不同。再加上，现在的运营人员都在努力扩充自己的知识版图，没人会把自己定义为一辈子的运营人员。所以，对于基本功的界定，较之以往也高出很多。

运营工作中基本功的练习，都是需要花大量时间踏踏实实、用心进行实操的。看似简单，但在实际操作过程中你会遇到很多意想不到的问题。此时，你需要补充很多其他的知识来解决遇到的问题。并且很多时候，结果跟你预期的可能完全不同。

运营人员彼此的差距，其实主要体现在基本功的方面。扎实可靠的基本功对于运营人员自身能力的提高和未来的职业发展大有裨益。在基本功上偷懒，基本上属于搬起石头砸自己的脚，且非常不利于自己以后的职业发展。

二、运营外的流程性、纯辅助性工作

在实际的运营工作中，这类工作难免会占据运营人员的时间。加之很多公司对运营的理解本身就有偏差——很多公司把互联网运营工作硬生生做成了市场或者客服工作。这其实跟管理人员的出身有关：一方面，运营工作目前正处于一个快速普及的过程，这本身就需要时间；另一方面，国内真正优秀的专业运营人员数量其实很少，大家都在摸索，没必要过分苛求。

我们既然进入了一家公司，就理应尽到自己的责任，把公司和领导交予的工作做好。当我们拿到一项工作的时候，自己应该有个基本的判断，需要清楚哪些是主要工作，哪些是次要工作。需要注意的是，并非领导交予的工作就是主要工作，运营要学会自己给自己找活儿干。原则上，每天80%的时间是要花在主要工作上的。

如果属于职责范围内的核心工作，就应该努力做好，给领导和自己一个满意的答复；如果是完全与运营无关的工作，还非得做，大可以就以完成为目标；如果你打心眼里想学习、不排斥，那需要自己额外再花时间把它做好，关键是自己要考虑清楚值不值。比如某些硬件行业的客服工作，完全可以作为了解公司产品的一个手段，了解得差不多就行，适可而止。

三、对某些日常工作的时间把握

运营工作做久了，对于每一项细分的工作大概花多少时间，都应该有个基本的时间原则判定。

比如，我当初做拉用户工作时，就给自己定了一个10分钟原则。即拿到一个用户的QQ后，从聊天到最后其同意发帖子为止。如果10分钟还搞不定，就放弃这个用户，接着攻下一个用户。

再比如，看一篇帖子10秒钟原则，即用10秒钟读完这个帖子，并且能够知道这个帖子大概的意思——这样不但强迫自己养成快速阅读的习惯，而且能够培养出自己在很长的帖子列表里迅速甄别内容的能力。

再比如，对不同类型的线上活动的大概时间，都要在心里有一个基本的时间预期。比如"一句话"活动，5分钟内即可发出来。因为我觉得这种没什么技术含量的活动，花5分钟和花半小时，效果差不了多少。

四、巧妙利用节省出的时间

运营人员对每一个详细分的工作，在有了基本的时间观念之后，对于较大的模块自然也会有一个心理预期。即便是同一个工作，也必然需要很长的时间，尝试过多次才能熟悉每一步的操作流程。

你可以在保证效果的基础上，努力继续控制和压缩完成的时间，或者在同样的时间内，让这项工作变得更加丰满、更有亮点和特色。日积月累，随着你对自己要求的提高，你一定会省出很多时间来。比如每天在版主管理上，以前你每天需要花5个小时才能做完所有与之相关的工作，而现在，你每天只需要花3个小时就能完成，并且还能完成得更好。省出来的2个小时你就可以学习或探索自己未知的领域，改进自己在其他方面的不足。

这样，你就会变得越来越有能力，你熟悉的模块和知识框架会更加开阔。同时，你会变得更加高效，你每天能够完成的工作内容会比周围的人多很多。

五、运营人员应该主动说"不"

从日常的工作内容上讲，这个话题主要来自于三个部分：

第一，用户端。

作为运营人员，每天都会接触大量的用户，你需要经常帮用户解答一些使用上的问题。慢慢地，即使对方没有问题，也会

"策划"一些问题来找你解决。这样下去，你就会把自己变成客服人员了。在他们眼里，这就是你应该做的工作。其实，这种事情不是不可以做，而是需要掌握一个度，适可而止。

很多用户在得知你的网站员工身份之后，会主动和你套近乎。因为可以拿到一手消息来源，让他觉得"上面有人，事情就都好办"。这样一来，很多用户可能有事没事都来找你聊天。你收到的需求也会越来越多。如果你又是一个美女，可能会更惨。那么，在你遇到客户的奇葩需求时应该怎么办呢？

首先，作为网站人员，你应该保持低调，尽量保持自己的神秘感。当然神秘感不等于不在用户里出现，那是走极端，等于逃避；其次，该说"不"的时候，可以用比较委婉的方式拒绝，当然不能赤裸裸地拒绝用户，需要有一定的技巧。比如我真忙的时候，一般打字都会很短。

从运营角度上讲，运营人员应该把主要的时间放在核心用户身上，而不是将大量时间用在处理底端用户的需求上。我们应该站在整个用户体系去考虑问题，这样在拿到一个具体工作的时候，才会有一个辨识度。

第二，日常工作的配合、协调。

运营工作看似与每个部门都有关系，所以有时候，公司也会把一些本不该属于运营的工作交给你。这个时候，你就该有个自我判断：这件事值不值得去做。

值得做的情况有这么几种：维护部门间的关系，对自身的工作有利，领导强制安排的；不值得做的情况有这么几种：本属于别的部门的工作被附加给了你，自己当前工作已经严重饱和，对方根本不懂得感恩。

运营人员不能做"老好人"，这方面我吃过很多亏。有时候，工作做好了，可结果可能与你完全无关，对方连句谢谢都不会跟你说；做得不好，对方就会把责任怪到你头上。所以，在帮忙时也要看对方的人品。如果人靠谱，一切都好说。大家相互帮忙，也是值得的。

第三，不必要的会议。

对于运营工作来说，应该最大限度地压缩会议时间，增加在实际操作上的时间。会上需要有人拍板，否则就不要浪费大家的时间。会议之前，也应该让每个人做好准备，避免出现一个人唱独角戏的情况。

正常情况下，一般的会议控制在40分钟内即可。大型或者重要会议另说。

六、工作之外的时间利用的问题。

做运营工作必须有为工作牺牲业余时间的觉悟，除去领导给你安排的活儿，以及你8小时之内未完成的工作，还有很多特殊情况。比如，用户任何时候都可能找你，就算是凌晨也很正常；还有就是我们为了了解用户，需要和更多的用户建立深厚的友谊，也需要花大量的时间跟他们交流。

有一点必须说明，其实真正有消费能力的用户，白天可能根本不会上你的平台，因为他们都有自己繁忙的事情要处理。那么，他们很可能晚上出现。如果你第一次不理他，第二次不理他，第三次还是不理他，那么，很有可能意味着你将失去他了。因为你是个不靠谱的人，无须解释。你将永远失去这个用户。

所以，我们在招聘运营人员时，会间接地问对方工作之外的时间如何利用。假如对方说拒绝一切加班，那对不起，我只能说："你不适合运营这份工作。"

写出一个好标题的技巧

在前面讲到运营人员文化素质的时候，我提到了文字功底对于运营人员的重要性。在本节我主要说一下运营人员应该如何拟好一个标题。

拟标题这件事，几乎是所有互联网从业者都会面对的一个话题。谁都拟过标题，一个帖子也好，一篇文章也好，一个好的标题通常意味着成功的一半。哪怕内容再好，标题拟得极差，效果也一定会大打折扣。

从玩社区到做社区，我已经摸爬滚打了好多年，我愿意把这个话题拿出来和大家分享一下我的一些心得和技巧。

一、关于标题的长度和一些特殊细节

第一，标题一定要长。

对于这一点，玩论坛的人肯定都知道。一般的社区对标题都有最大长度的限制，否则会让列表页看起来很不协调。

标题的标准长度以个人之见，建议尽量控制在15个字以上，32个字以内。

10字以内的标题，第一，斟酌文字时会特别难，甚至有时候连主谓宾都不能概括全。另外，这么短的标题，我也极少见到特别能吸引眼球的。而32个字以上的标题，则会让用户产生阅读疲劳。

不过最合适的标题长度，其实应该是和这个社区的文章列表页的最大标题长度尽量保持一致。最起码，你得让你的帖子呈现在列表页的部分阅读起来感觉完整，能表达你要表达的意思。而这也是为什么标题里面最核心的内容一般要放在标题最前面的原因——这点想必没多少人研究过吧？

第二，标题一定要通顺。

这点不细讲了，如果标题里出现病句，或者主谓宾、定状补有问题，只能说明你的文字功底实在是太差了。

第三，适当地运用标点符号。

标点符号能起到减少阅读疲劳的作用，另外像双引号、书名号、双括号等，也能够起到强化点击的效果。

关于标点符号，一定要用中文标点，不要用英文标点。举个很简单的例子，比如双引号，中文的双引号显然要比英文引号更能吸引注意。

再就是像括号这种，尽量用【 】、（ ），而不要用[ ]、{ }，哪个更能吸引注意，我想你那么聪明，一定能懂这是为什么。

第四，适当地断句。

如果标题里某句话特别长，那就一定要进行断句。为什么？你自己读读就知道了，太过冗长的句子，可能连你自己都读着烦吧。

第五，关于数字，尽量（注：不是一定）用阿拉伯数字，而不要用大写的中文数字。

比如"生活中那些你不知道的10个冷知识"与"生活中那些你不知道的十个冷知识"，显然，一堆文字中有一个鹤立鸡群的阿拉伯数字更能吸引点击量。

第六，如果帖子内容里面含有视频、图片，可以在标题里加上（图）、（视频）、（图+视频）的字样。

二、判断一个标题是否能火的小技巧：拆字法

这个技巧是我当年做SEO工作时悟出来的。方法很简单：

我们把某个标题拆开后，看看有几个最能吸引点击量的关键字，就大概能知道这个帖子能不能火了。

举个简单的例子，曾经看到一家娱乐网站的头条标题是这样写的：

地下情到底？范冰冰李晨过情人节 酒店缠绵两晚。

我们把这个标题拆一下，发现最吸引眼球的几个关键字是：地下情、范冰冰、李晨、酒店、缠绵两晚。

而另一家的则是：

范冰冰李晨情人节甜蜜约会，缠绵三天两夜。

我们把这个标题再拆一下，发现最吸引眼球的关键字是：范冰冰、李晨、缠绵。

看到这里，哪一家的新闻更吸引眼球，结果已经很明显了。

三、适当地运用"标题党"技巧

早年我们这些玩社区的人，估计很多都做过"标题党"。先来解释一下"标题党"的概念。

"标题党"的原意是互联网上利用各种颇具创意的标题吸引网友眼球，以达到各种目的一部分网站管理者和网民的总称。其主要行为简而言之，即发帖的标题严重夸张，帖子内容通常与标题完全无关或联系不大。

现在，"标题党"的意思是指在以互联网为代表的论坛或媒体上制作引人注目的标题来吸引受众注意力，点击进去发现与标题落差很大而又合情合理，以达到增加点击量或知名度等各种目的网站编辑、记者、管理者和网民的总称。

做了很久的"标题党"之后，慢慢地就对这种夸大事实、夸张过分的做法觉得有所欠妥，所以我更倾向于相对折中地利用这一技巧。良性"标题党"有很强的幽默性和娱乐性，是和Just For Laughs Gags（加拿大一档无语言类整人娱乐秀）一样的善意搞笑举动。

关于"标题党"，大家可以自己去查百度百科，了解一下它的具体释义、举例和要求，我在这里就不赘述了。

但是，不得不承认，通过大量地练习"标题党"技巧，可以促使你在拟定标题方面拥有超出常人、脱胎换骨的理解。

四、关于活动的标题的拟定

活动运营是运营工作的一个基本模块，它的标题同样重要。一个活动的效果和这个标题的好坏有着百分之百的关联。

那么，活动标题的拟定有什么技巧呢？

第一，可以直接将活动中最具分量的奖品写进标题。

比如在标题里加上iphone 6，例如：

参加酷我K歌网络神曲翻唱大赛，赢取iphone 6大奖哦！

第二，如果活动标题是同许多普通的帖子一起展示在列表页里，你可以在标题里加上【有奖活动】的字样。

如果活动正在进行，可以在标题里加上"正在进行中"的字样；如果活动已结束，可以在标题里加上"已结束"的字样，这样没参加活动的用户不至于点击以后感到失望，而已参加活动的用户也自然方便去查看结果。

五、关于App信息推送文字的一些技巧和注意事项

App推送是现在App运营工作人员每天都要做的一件事情。那么这个推送有什么技巧呢？

第一，不是文字越长越能吸引点击量，这点和帖子的标题不一样。

原因很简单，现在用户每天收到的推送实在是太多了，任何一个App都试图通过标题捞取用户。用户实在没有时间来看这么多的信息，如果遇到一大块文字，用户是绝对没有兴致读完的。

具体多少字合适，需要运营人员依据每个App的特殊性，长期摸索进行总结。

第二，用过分吸引眼球的文字也不一定能起到很好的效果。因为现在的手机用户对这些字眼看得太多，已经产生麻木感，不像PC（个人电脑）是有针对性地阅读。

第三，千万不要试图将硬广告用App推送的方式进行展示，否

则，你就等着被用户骂吧！

第四，大部分手机用户更钟爱这两类内容：跟自己有关系的内容、智能推送的内容。

所以，从某种意义上讲，全量推送并不科学，只是因为很多App无法实现智能推送，却还想要积累用户，才不得已而为之。

六、关于标题拟定的一些基本注意事项

第一，标题跟内容一样，不许涉黄、涉暴。

第二，不要做恶意"标题党"，这样只会损伤用户体验。

第三，标题、App推送中不能出现脏字、污秽庸俗的字眼。我遇到过很多次这样的情况，那些标题一看就是那种没做过编辑的人想要以此种方式哗众取宠，殊不知这样非但不会为你的产品吸引到用户，而且还会引起人们的反感。更重要的是，这简直是对编辑工作的一种侮辱。不管做任何工作，都需要有个道德底线，时刻牢记我们都是有道德、有素质的人。

第四，标题不能与内容完全无关。

第五，与读书的辩证关系。虽然读书多的人不一定就擅长拟定标题，但读书少的人，几乎一定没法胜任这项工作。所以，你在平时就要注重多积累，勤翻书，多看多练，做到心中有数。

第六，做运营需要懂得灵活变通。所有规则都不是一成不变、一生受用的，标题也一样。

    第七，凡事都没有绝对的对与错，甚至连我所说的，也可能都是错的。不要以为得到某个观念或者方法就能指导你所有的工作，要学会积极思考，用变通的思想做事。

3

如何做好用户运营

越是优秀的运营人员，他们的性情越接地气。原因很简单，跟用户接触久了，都会这样。因为运营工作就是要搞定用户，不能跟任何用户端架子，否则用户就会和你离心离德，相互之间的关系就打破了。

用户运营的核心：金字塔模型

我在给一些公司做《用户运营工作的基本逻辑》这个分享的时候，曾提到过一个"用户金字塔模型"的概念，当时只是简单地做了一下扩展。因为这个模型我觉得是所有运营工作者、产品工作者乃至项目的总负责人都应该掌握的一个基础模型。在这里我将详细地跟大家阐述和解释一下，希望能对你有所启发和帮助。

首先，我要解释一下何谓"用户金字塔模型"，既然是金字塔，那一定是有级别划分的。而我的理解是：

第一级：社区的管理人员，具体指的是需要面对用户的运营人员。

第二级：用户管理工具，如版主体系、社群（兴趣小组、部落、联盟、公会等），还有就是用户在社区中自发形成的组织。

第三级：有价值的用户，就是那些在社区里面足够活跃，并且能够为你的社区贡献有效价值的用户。

第四级：一般性用户，即社区里面的普通用户——社区里所谓的那"80%的用户"。

一般情况下，社区里最有价值的用户可能未必能占到社区的20%，像早期BBS贡献UGC的用户，一般比例都不超过10%，算上其他各种有效用户，也不见得能到20%。而里面的灵魂用户也许就只有几个而已。

除此之外，我在这个模型里给出了一些可能的用户人群，可供你在具体分析时参考使用，但一定要贴合实际，不能只是机械照搬。

其次，我来讲一下用户金字塔模型的重要性。在我看来，这个模型非常重要。你要知道，用户运营其实既是所有运营工作的出发点，也是所有运营工作的关键点。无论你从事何种工作，你都必须了解你的用户。只要能把这项工作做好，哪怕你将来面对客户、企业，也都可以拿来借鉴的。

一个重要的原则是，你必须把用户运营工作的80%的时间，用在金字塔顶端的那20%的用户身上。我们每天做的工作，其实都是不断地促使那些金字塔底端的用户往顶端进行转化的过程。

当顶端用户变得足够多时，自然能够影响越来越多的用户，这样你的社区就会越来越大。

反之，如果你做一个活动满足的是其他用户的需求，那基本上效果不会太大，而这也没什么好奇怪的。

再次，用户金字塔模型能够帮你了解真正最有价值的用户需求。

我经常看到很多企业花很多人力、物力、财力在用户研究、数据分析方面，结果却不容乐观，或者根本不具备可操作性。为什么会这样？

如果你认真地思考你的社区的用户模型，就会发现：真正最有价值的用户需求其实来自金字塔顶端，即那些使用你的社区功能最有价值的用户。

用户金字塔模型自上而下，一级一级互相影响。你的产品和功能满足了顶端这些用户，其他用户自然水到渠成。这是因为社区都是靠20%的核心用户带动剩余的80%的用户，由20%的用户去建立社区文化，最终影响那些80%的用户，而你不能本末倒置。

说到这里，我有必要普及一下关于用户调研的知识，以及对产品和运营人员提出一点建议。

用户调研只是让社区的管理者在制定产品和运营策略时参考

用的。用户调研的样本永远不可能完全精准，只能尽量精准，所以千万别迷信，你需要有自己的判断。对此，我建议你去调研一下那些金字塔模型上最有价值的用户。相信你会有不同的理解。

对于产品和运营人员来说，只有和用户长期接触的人才能拿到最客观真实的需求。为什么？很简单，原因就在于——用户觉得他和你的距离太远。如若你没有长期接触用户，你们之间没有建立一种情感，对方很难跟你说他的客观需求。就好比你和陌生人第一次说话，他会对你讲实话吗？你是一个底层的小员工，你和公司CEO会推心置腹地谈心吗？所以说，与其每天挖空心思琢磨用户，"认为"用户需要什么，不如真心实意地去和用户沟通交流。要记住：用户运营的技巧在于以情动情。

一个从来不接触用户的产品人员，是不配做产品的；一个从来不接触用户的运营人员，只能算是入门的初级运营人员。而用户金字塔模型告诉你，你必须完善自己，让自己的综合能力更强。

既然用户金字塔从上到下，一级一级互相影响，那就意味着：如果你的能力不强，自然无法带好用户。一个没有责任心的运营，也许会导致社区的用户体系从根上烂掉了。就像一个企业，老板的格局足够大，企业的盘子才能做得大，根也才能扎得更深更长。

最强的运营，永远是那种底子足够牢固且综合能力很强的运营，这也是初级运营和高级运营的区别。

我始终允许运营团队的某些工作可以交叉着做，其实就是希望运营人员能够熟悉更多的技能。或许正是如此，十几年来，猫扑社区（大杂烩、贴贴）运营人员的总数从未超过二十人，因为我们单兵作战的能力在国内是屈指可数的——无论你单拎出哪个人，都能够以一敌三，胜任几乎全部的运营工作。

最后，用户金字塔模型能够帮你验证你的产品架构、功能设计是否合理。

如果我们把用户金字塔模型倒过来，就是一个用于筛选用户需求，验证你的产品策略是否合理的模型。我将此定义为用户漏斗模型，它会告诉我们：

用户的需求是永远满足不完的，累死你都做不完。

核心的功能设计应该是优先满足金字塔顶端的那部分用户，并且围绕他们不断进行优化。

帮你检验你的社区的产品架构搭建得是否完整、合理，永远是搭建完基本的产品架构（用于满足核心用户的基本需求），再将产品剩余的细枝末节慢慢完善。

用户管理者自己认为或者满足一己之需的需求，用户往往不需要，因为你在最底端，比如添加个广告位之类的（基于盈利目的）。

除此以外，用户金字塔模型里越往上的每个小模块，同样可以用金字塔原理来拆解。

你仔细思考一下就会发现，越往顶端，这个模型中的大部分模块其实还可以继续细分，尤其是第二级的用户管理工具。

比如，版主体系经常分为高级版主、中级版主、初级版主和见习版主，这也是一个金字塔。我们管理这些体系和制定规则时，都是按照金字塔模型来的。

用户金字塔模型里越往下的每个小模块，都需要将其纳入一个金字塔模型来管理的。

越往下，用户越分散，越难把控，比如潜水用户、新用户等。80%的用户都是平时基本不露面，只有做活动，或者他们真的有需要的时候才会露面，因此你必须用很强的激励手段刺激他们向上一级转化。

在管理这些用户群体时，最好的方式就是将其纳入一个金字塔，或者建立一个金字塔模型，同时制定具体的规则。原因很简单，试想一下，当你把他们拢进一个QQ群时，QQ群本身不就是一个金字塔吗？你也可以通过用户关系让他们进入用户管理工具，这种方式管理起来更加有效可行。

综上所述，用户运营的基本逻辑其实很简单，即首先分析社区人群的属性和特点，建立用户的金字塔结构。其次再将每个环节再细分成一个个金字塔，分别找到不同的突破点，找到相同和不同的运营策略和解决办法，同时遵循二八原则。

不可忽略的用户运营细节

运营其实是一门很深的学问，好比用兵，最忌墨守成规。只有机动灵活，善于应变，知彼知己，才能百战不殆。也许这些道理大家都懂，但不做——没做过就等于零。只有经过实战，才能真正为你所拥有。运营的关键在于细节，越是细节越容易忽略，越是简单的问题越不容易做到位，越是重复的事情越不容易往深处想——这也是决定一个人是否能成为一名优秀的运营人员的根基。那么，在用户运营中易忽略的细节或者错误的认识有哪些呢？下面我从6个方面进行分析。希望我的这些想法和观点能对大家有所启发和帮助。

易犯错误1：被动地等待用户，永远守着本社区的用户

在我看来，这是很多运营人员进入社区工作后，很容易犯的

一个错误。对此我想说，最好的用户永远不是靠等来的。用户运营的基本策略其实可以概括为一句话：站内维护站外找。可惜的是，很多人只知道"站内维护"，却对"站外找"置若罔闻。这个道理其实就像养鱼，我们要成为渔夫，而不是钓鱼者。与后者相比，渔夫更清楚池塘里适合养哪几种鱼，也更懂得要不定期地撒新的鱼苗进去，而钓鱼者只会让这个池塘的鱼越来越少。

同样，用户的维护策略也可以用一句话概括：重点培养广撒网，这和找对象的逻辑差不多。最好的用户永远都是你用心培养出来的，绝对不是等来的。为什么呢？道理很简单，因为你的社区不是Facebook，不是QQ空间，没有让你永远淘不完的用户，就算有，单靠用户数据分析后台也不能帮你解决一切。

解决办法：广撒网，学会主动出击，去站外寻找更多的资源，做个有心的渔夫。

易犯错误2：忽视夜间这个重要的时间段

很多人把用户运营工作的精力都放在了白天，往往忽略了晚上这个重要的时间段。白天固然重要，务必要好好利用。但须知用户运营的工作并不轻松，尤其是在你工作开展的初期，想做好必须不能偷懒，要花大量的时间去积攒足够多、足够好的用户才行。总之，只要你足够重视，越到后面越吃香，你也会越轻松。

那为什么要利用好晚上的时间呢？原因是，大家从事的工作大部分都是朝九晚五的，你白天在上班，别人也在上班，导致很多人不会有太多时间去你的社区。而到了晚上，很多有思想深度的用户出于精神放松的需求，才可能会点击浏览你的网站——这个时候，就是你积极工作，努力吸引优质用户的最好机会。

解决办法：在身体条件允许的情况下，利用晚上的时间努力工作。

易犯错误3：对待用户手法简单粗暴

社区其实就是个社会，既然是社会，必然鱼龙混杂。俗话说"水清至则无鱼"，不要奢望你的社区里面全都是好人、牛人，因为那种完美的状态基本不可能存在。也不要把用户看得很简单，每个人的资质都差不多，你能想到的别人也能想到，甚至很多人层次可能比你高出很多。我在猫扑遇到过很多用户是公司的老板、总监，甚至还有年薪几百万美元的外企高管，另外一些是在读的研究生、老师，还有很多各行各业的精英。但是，在社区里，你也许永远不会知道他们的真实身份。很多人往往在真实的世界里找不到存在感，进入虚拟的社区反而能够找到真正的自我。

针对这些优质客户，如果你对待的方式总是简单粗暴，凡事没能给他一个合理的解释，那么你失去的绝对不仅仅是他一个人，而是几个人或是一个群体。所以你一定要考虑后果。

解决办法：社区规则之外的任何用户细节都必须慎重处理。记住，你工作的本质就是为用户提供满意的服务——"用户永远是对的"，他是帮助你做好社区的合作者。因此，你必须怀抱一种谦虚谨慎的态度去面对他们，切忌高高在上、自以为是。

易犯错误4：和用户进行沟通时，过度依赖QQ

现在，QQ基本是运营人员和用户直接沟通时用到的最频繁的工具，但千万不要过分依赖它。大家都知道：汉字博大精深，当面聊天时，对方或许可以通过你的声音、语调甚至表情准确捕捉你的意思，而电脑聊天时对方只能看到你打在屏幕上的字，有时难免会产生误解。甚至有些运营人员在与用户聊天时总抓不住重点，说话啰唆，没有逻辑。

那么，正确的沟通思路应该是什么呢？当你在和用户沟通时，你必须弄明白你的目的是什么——是帮他解决问题？相互培养感情？还是和他商量事情？总之，无论什么目的，你都要记住一点：要把握住话语的主动权，不能被用户牵着鼻子走。否则，每天8个小时的工作时间很可能就会消磨在无意义的聊天之中，而你的工作效率也将大打折扣。

还有就是，QQ沟通并不是最有效的沟通交流方式，至少没有打电话这一方法来得简单直白。

解决办法：懂得有效、灵活地利用时间，以帮用户解决问题为目的。

易犯错误5：当两个用户群体发生矛盾时，试图去调和

需要注意的是，我在这里说的不是两个用户，而是两个用户群体，也就是两拨人在互掐。这个错误我也犯过，而且不止一次，所以在这方面也算是很有发言权了。为什么会导致这种情况？因为我们往往不想丢失任何一个用户，更何况是一个群体，为此便试图在两边斡旋。可是你要知道，哪怕你说的全都是好话、肺腑之言，甚至是真心地为他们好，另一方也会认为你偏向对方。更何况，用户群体里还有那么一类是专门看热闹不嫌事大的人。基于此，最终的结果只能是：这两拨人都会离开你的社区。

解决办法：按照社区的规则进行处理，任何一方只要违反就必须处罚。处理的前提则是：尽量保证公平；切勿感情用事。

易犯错误6：把原本属于自己的工作随意丢给用户去做

在讲这个话题之前，我先给大家介绍一下社区的用户金字塔基本模型，如下所示——

```
                    ┌─────────────┐
                    │  运营人员    │
                    │  （官方）    │
                    └─────────────┘
          ┌─────────────┐      ┌─────────────┐
          │   版  主    │      │ 其他用户模型 │
          └─────────────┘      └─────────────┘
   ┌─────────────┐  ┌─────────────┐  ┌─────────────┐
   │  核心用户   │   │  优质用户   │   │  精英用户   │
   └─────────────┘  └─────────────┘  └─────────────┘
┌──────────┐ ┌──────────┐ ┌──────────┐ ┌──────────┐
│ 普通用户 │  │ 潜水用户 │  │ 新用户  │  │ 潜力用户 │
└──────────┘ └──────────┘ └──────────┘ └──────────┘
```

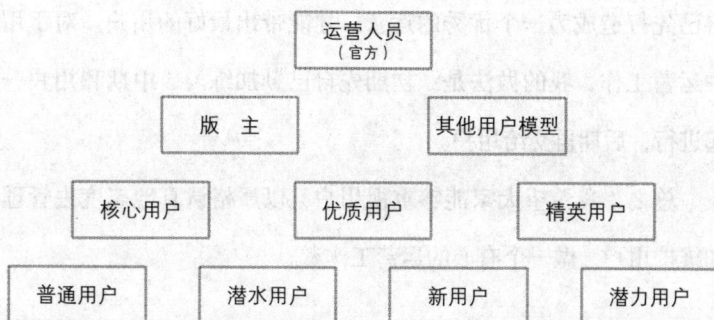

从上图的分布状况可以看出：用户能够帮助我们做很多的事情，因此我们对用户必须满怀感恩之心。但这并不意味着什么事情都可以交给用户去做。

在这个模型中，运营人员就像一个将军——兵熊熊一个，将熊熊一窝。如果你自己都没把工作理解到位，做到很熟练，达到一个指导者的水平，然后在你还不知道问题出在哪的情况下，就把工作直接交给用户去做了——想想这样做的后果是什么！更何况有些工作原本就是你的职责所在，是必须由你去负责的。如果不够熟练就交给用户，只能导致你的工作能力停滞不前。

同样，就算你主动承担起一切职责，做了原本就应该做的工作，但如果你的能力不够优秀，也一样积累不到优质用户，更别谈维护了。

解决办法：不要为你的偷懒找借口，要想强，先自强。把你自己先打造成为一个优秀的运营，才能带出最好的用户。对于用户运营工作，我的做法是：初期先自己勤加练习，中期和用户一起进行，后期再交给用户。

总之，我希望大家能够重视用户，以严格认真地态度去管理和维护用户，做一个有心的运营工作者。

用户运营的最高境界：四两拨千斤

用户运营的最高境界是什么？五个字足以概括——四两拨千斤。何解？其实一个好的运营，更重要的是要看他对用户的驱动能力，这点我在之前的文章里提到过。做事的能力固然重要，这是基础，但最强的运营绝对不是看你个人的做事能力。

根据用户金字塔模型原理，用户的能力一般情况下不可能超过你（再说你的能力如果还不如用户，公司要你干吗），也就是说你打85分，用户一定低于85分。这就意味着——如果你能力差，你带出的用户能力同样会差，所以我说个人能力是基础。

如何做到四两拨千斤？这个话题似乎有点儿大，一篇文章讲不清楚，在这里我主要从用户运营入手，为大家详细解说。

从用户运营处理用户关系的角度上讲，简单概括其实就是四个字：威逼利诱。何解？请看以下分析。

一、威

威是指威信。运营人员要在用户心目中树立一定的威信，但这里的威信不是指威胁，或者用淫威、气势来压迫用户，更不是把自己端起来，远离用户。

我一直坚信运营和用户在某种程度上应该是平等的，一个好产品、一个社区文化的塑造和形成，应该是网站官方人员和用户共同努力的结果，功劳绝对不能某一人或某几个人独占。因此，我们应该永远对用户保有一份感恩之心。威信的建立，来自于三个方面：

第一，社区规则。

社区规则的建立更多地依仗运营人员，产品人员只能解决一些逻辑上的问题。用户运营涉及的细节非常多，单凭机器语言是无法解决这些问题的，更何况还有很多不能摆在台面上的"潜规则"。所以，运营人员发挥作用的空间很大。

社区规则有一个不断完善的过程，以保证社区秩序运转有序。既然是规则，就不应该允许任何人挑衅和破坏。该硬的时候必须硬，该唱黑脸的就必须唱黑脸，这就是威。

第二，帮用户解决问题。

这点自不必多言。用户找你其实就是信得过你，不理用户，或者不及时帮用户解决问题，都可能失掉民心。

第三，贴近用户，甚至和用户打成一片。

互联网和其他行业不同，不接地气、高大上假大空肯定没戏。很多人天天喊用户体验，却从来没跟一个用户聊过天，拿用户当幌子，这岂不是太可笑了？

贴近用户其实是为了更了解用户，验证我们的产品策略是否正确。毕竟我们辛辛苦苦做出来的产品是给他们用的，而不是拿来取悦自己的。

二、逼

我觉得这个字有三方面的理解：

第一，逼用户的前提是先逼自己。我们不能逼用户爱我们、爱我们的产品，我们只能逼自己不断地提升业务能力，逼自己把产品体验做到更好，这样用户才有可能接纳、认可、支持我们。

第二，规则是由官方建立的，是为了让用户对我们产生敬畏之心，让一些试图挑战规则的用户不再肆意妄为。就像带团队一样，比如你带版主团队，必须给他们制定规则、安排任务、检查结果、考虑赏罚等——从某种程度上说，这种"逼"的方式，其实是为了保证这一用户体系更加具备战斗力。

第三，"逼"这个字其实挺难听的，我从来不赞成一些类似于

"我们要养活公司，所以我们必须牺牲用户"的想法，这样其实是逼用户走。逼一些有损社区利益的用户离开固然是对的，但逼好用户离开，无异于自掘坟墓。在此，我们不如换个说法：帮助用户成长。用户金字塔模型告诉我们：用户运营工作的本质，是保证越来越多的用户更快、更好地向更高一级发展、过渡，这样对我们、对用户都有好处。所以说，我们应该和用户共同成长。

三、利

就是给用户一些利益和好处，这很好理解，利基本上体现在以下几个方面：

第一，权限。

很多人之所以愿意做版主，帮我们一起管理用户团队，其实多是冲着权限来的。权限可以帮助他们在用户群中树立威信，但也有可能导致他们走向另一个极端，因人而异。所以，我们需要控制和监督用户的权限，但这绝不意味着把用户的权限最大限度地收回，甚至把用户架空。正确的方式是：你要循序渐进，一点点给，这样用户会很高兴；如果你一下子给太多，再想收回就没有这么顺利；另一个方面，如果收得太多，用户甚至会选择逃离，不会继续留在你的社区。此前，我们团队就在这方面吃过不少亏，所以我提醒大家注意。针对放权给用户的一些细节问题，我会在后面的章节讲到。

第二，小恩小惠。

在前面的内容里我说过：在虚拟世界里，用户最需要的是他在现实里无法得到的东西。这就意味着：你给用户几千元并不一定能比给他一个玩偶更令他开心、满足。曾经有一次，一个成本38元的公仔在网上被炒到800多元，用户拿到手之后开心得不得了。

另外，你给实物不一定能让用户感到惊喜，因为他们用钱就可以买到，再说很多用户根本也不缺钱；还有一个问题，你第一次给100元的东西，用户习惯了之后，你就得给200元的东西，久而久之，价值就会越来越高。所以一方面必须要严格各种奖励，包括虚拟奖励，甚至一些等级的差别；另一方面，种类和数量要保持多样化，不能单一。

对待用户绝对不可以太吝啬，虽然为了维护关系，你需要延续地给予一些小恩小惠，但从长远来看，这却是最省成本的一种推广方式。

第三，其他。

通常情况下，用户的需求很简单，无非就是想要你推荐他写的帖子或文章。就像你可能也有过类似的经历，当自己写的文章被某个平台采纳，一定会很开心。

用户不一定图你什么，所以你一定要想清楚，你能给用户什么。你需要把自己能提供的好处详细列个清单，哪些属于基本需求，哪些属于物质利益，哪些属于精神利益，一目了然。要记住：对症下药，不同的用户要学会区别对待。

四、诱

诱，我觉得有两层含义。

第一层含义：诱惑。即你可以提供哪些方式，诱惑用户去努力争取。它和糖衣炮弹一个性质，指的是我们将希望用户去做的用户行为，按照不同的比重融入等级等逻辑设定里，或将一些奖品设置到各种线上、线下活动等的行为方式。

但我们在行动之前必须要明确自己的目的，你是为了流量，为了品牌，还是为了收入。一旦确立目标，就能大致估算出活动之后的效果，就可以放手去做。大公司因为顾虑多，往往在这些方面做得不好。其实很多事情都是在吃亏、尝试、不断总结教训的基础上才能摸索出正确的运营方式。所以，做运营就应该大胆允许和鼓励试错。

另一层含义：诱导，也就是引导用户。比如我们列为重点的帖子，开始的一些回复其实都是需要引导的，你需要找一些核心用户去帮忙引导，否则就会和你原来的初衷背离。

比如我们重点做的一些活动，做之前和做的过程中都需要找一些优质用户来保证活动参与的质量。很多人做活动，只重视结果不重视过程，认为活动编辑完就算万事大吉，等着用户来参与就可以，结果导致活动无效，质量很差。

另外，很多运营人员和产品人员不注重换位思考，想问题的角度经常是"他们需要什么"，最后想半天，绞尽脑汁也没什么结果。其实，你只要把自己当成是用户，想想自己需要什么，自然就豁然开朗。

如何界定用户运营工作的有效性

用户运营工作有其固有的特殊性，关注点落脚在用户上。它的工作节奏是一个由量变到质变的过程，其实就是不断积累，最终达到质的飞跃。实际上，很多工作都需要从零做起，用户运营不像市场工作，它是一个循环往复的过程。

运营人员的很多工作都不是短期行为。所以，对运营人员抱有很多期望，希望他们能在短期内做出很多亮点，是特别不切实际的。我相信很多运营人员都有这种困惑，而作为领导，你甚至很难在员工的周报中找出最出彩的部分。但是难做不等于可以不做，这是两个概念。

因为用户运营工作的关注点始终是落脚在用户上的，这就需要你和用户多接触、多沟通，做好落地工作，而不是把自己悬空。

作为一名运营人员，你的价值取决于你手上有多少可支配的用户，而不是平台总体的用户数量——即使平台用户高达几亿，可你没有多少可驾驭、可联系，甚至信赖你的用户，那你的价值基本上也就等于零。

用户运营工作需要克服很多困难，没有在一线实操过的人可能体会不到这其中的艰辛。我记得跟同事聊天的时候，某公司的一些程序员甚至给出这样的评价："你们运营的那些工作，换了我们做，一样没问题。多简单啊！"

每一种工作都是不同的。不同部门之间在沟通配合的时候遇到的最大的隔阂，其实是各自在工作若干年之后形成的思维模式的不同，不同的出身决定了各自在考虑问题时不同的方式。比如程序员的逻辑性思维很强，客服人员的服务意识很强，销售人员的目的导向性很强，而运营人员的思维往往是发散式的。所以单方面站在你的工作角度去评价另一个工种的难易程度，这种做法很不科学。因此，一旦转行，即便你在原来的工作岗位有非常突出的业绩，也无法保证接下来你同样能够在新的岗位上做出成绩。

运营讲究实操，对于喜欢研究理论的人来说，运营工作并不那么简单。另一方面，运营工作注重经验，并不是任何人都能胜任的。因此，针对用户运营工作的有效性，我觉得可以从以下几个维度进行界定：

第一，数据指标。

运营人员在制定考核目标的时候，一定要将每一项工作量化。这样在月末、季末、年末的时候，都能做到有据可依。用事实说话，别人就是再怎么说三道四，都是无力的了。

第二，工作表现。

数据是死的，只是一个僵化的维度。任何一种数据基本上都能找到"作弊"的办法，而这也为某些急功近利、好钻空子的人提供了便利。因此，一个真正优秀的运营人员看的是长远的发展，而不是短期利益。所以，这样的人才一般需要具备以下能力：

执行力

责任心

主动性

团队协作、向心力

学习能力和总结能力

用户意识

沟通能力

领导力

第三，个人驱动力。

这一项，其实衡量的是你对自己工作认可的程度，其本质上不在公司或领导对你的考核范围之内。

运营人员有一个非常重要和珍贵的特质，那就是寻找自我成就感。这个成就感，不是来自于公司对你的升职、加薪、奖金，也不是来自于领导对你的表扬、赞许。而是来自于你对自己的肯定，你对自己在工作中所取得的进步的认知，以及你对自己在过去和现在的了解和比较，搞清楚自己究竟取得了多少进步，产生了多少变化。

针对个人驱动力的培养，我认为一个优秀的运营人员应该做到以下几点：

一个前提：培养自己对工作的责任心和兴趣

这决定了你对工作的付出，即在上面花费的时间有多少。如果你很热爱这项工作，无疑代表着时间是没有限度的。

两个意识：数据意识和用户意识

在运营工作中，很多时候都需要用数据、事实、结果说话，所以运营人员需要培养自己对数字的敏感度。同时，用户意识也是不可或缺的。用户意识需要靠多年孜孜不倦的用户工作的打磨。能和用户打成一片，才能锤炼出一个真正蜕变的自己。

三个工作思路：多学习、多实践、多总结

　　学习能力对于用户运营人员来说非常重要。从某种程度来讲，我们做运营的从事的工作的复杂性较高，工作的多样性较多，需要时刻保持学习新技能的激情。俗话说"技多不压身"，练就一身很强的综合能力，对于用户运营人员的后天可持续发展会有更加积极的作用。

　　实践是检验真理的唯一标准。针对运营这门学问，目前市面上很少有这方面的系统化、流程化、规范化的书籍，更何况还是它的一个分支——用户运营，其复杂度和专业性，没有真正做过用户运营工作的人是没有发言权的。"百闻不如一操"——听得再多，看得再多，都不如多花点儿时间去实践一下。唯有实践才能让你的工作能力更加出色。

　　总结能力是很多运营人员最容易忽视的。很多用户运营人员喜欢长时间沉浸在工作的某些细节中，而很少注意总结和归纳。这样就导致他们在工作汇报的时候，很难把话说清楚。因为单纯从结果上讲，用户运营工作不如产品、市场、销售这些工作更容易表达成果。当然，加强总结能力并不只是为了汇报工作，它还可以帮助你定期梳理工作的逻辑框架，从而培养和提高自己的大局观。

　　除了我上面讲到的，其实界定用户的因素还有很多：个人因素、平台因素、偶然性因素等。我们需要清楚自己在这其中究竟发挥了多大的作用，而不要总是妄自菲薄，把所有的原因都归结到自己身上。你要知道：只有明辨是非，保持一个平和的心态，才能让自己变得越来越优秀。

对用户的把控能力

之所以提出这个话题，是希望运营人员能整理一下自己现在的工作思路，毕竟这个岗位是有别于其他岗位的，如果你想成为一个出色的运营人员，很多思考问题的角度都需要转变。本篇文章着重讲述关于把控用户的能力。

我说过，其实运营的很多工作更像是在做管理，更像管理一家公司，比如版主管理，从招聘、培训、考核、赏罚、升迁、请假、辞职等。对比一下企业运营的实际情况你就能明白，很多用户运营工作其实与现实并无太大差别。如此，你必须知道你的用户需要什么，需要懂得放权给用户，需要培养一些高质量的优秀用户，需要信任那些帮你做事的用户……所以，你必须深入用户，反之，远离用户、浮于表面，那无异于不懂业务，把自己架空。

那么，具体应该如何把控用户呢？

一、把控用户的前提是先做好自己

顶级运营和初级运营的最大的区别就在于基本的业务能力，基本功好比是经济基础——底子不牢，还谈什么顶级不顶级？

经常有人问我，做运营工作有什么好办法能最快见效？

运营有捷径吗？我的回答是：有，但那是建立在大量的练习与实践，甚至是不断试错的基础上的。试得多了，自然知道什么办法最见效，哪些是在做无用功。所以，通往优秀的道路只此一条。你需要长时间地不断练习、强化，那些认为三四年就能练成顶级运营的人，简直是痴人说梦！

正确的方法就是，你要做好自己，即打好基本功。要把自己的本职工作做到熟练自如，这样你就能熟悉运营的每一个细节，知道可能会遇到哪些坑，如何才能效率更高，这样用户也不至于跟着你走弯路。

二、摆正心态，别端架子

如果你仔细研究一下每家成功的互联网公司，你会发现，越成功的公司就越接地气。哪怕他们炒作品牌时在玩高格调，但在做具体事情时，也会选择落地。这就是互联网公司和传统企业的不同。

你也会发现，越是优秀的运营人员，他们的性情越接地气。原因很简单，跟用户接触久了，都会这样。因为运营工作就是要搞定用户，不能跟任何用户端架子，否则用户就会和你离心离德，相互之间的关系就打破了。要知道如今互联网这么发达，任何一个产品都有替代品，万一你惹火了用户，就等于将资源拱手让人！

所以，如果想把控用户，你就得摆正心态，这样用户才能接纳你。

三、相信用户，懂得放权给用户

2011年时，我们鼓励猫扑的联盟用户做了很多品牌周刊，很多联盟便自发组织了编辑、运营、设计、技术等小组，他们做出来的东西质量非常好，丝毫不亚于我们的运营人员。

这件事充分说明：其实很多用户的能力都不差，只是有些公司不愿意甚至不懂得放权给用户，所以导致他们没什么表现的机会。

在活动方面，我们一直都会放权给用户。记得我们曾联盟用户举办过一个周年庆的活动，效果堪称完美。以至于我太过兴奋，竟专门写了一封邮件向CEO说这件事。从页面设计到环节设置（音频、视频、图片应有尽有）。甚至另外添加了抢楼、卖票环节（用户单独设计的门票，比如带我的ID票价1000万MP；带某运营的票价200万MP等），最令人称赞的是，活动的互动环节设计得非也常精妙。

另外，如果你做用户工作，那你就必须相信用户，对于真心实意想帮你做事情、真心喜欢这个社区的忠实用户，你就该适当地放权给他们。

其实，在运营工作中，你最好的老师并不是你的领导，而是你的用户。你从他们身上学到的东西才是最真切、真正有价值的。当年我们很多运营新人都是在用户的帮助下，逐步成长起来的。

四、放权不等于由着用户，规则是不能破的

"无规矩不成方圆"，社区是必须要有规则的。运营的规则必须定得非常细致，规则的种类也很多：有些是摆上台面的；有些是给运营内部熟悉的；还有些属于不成文的规则，但同样必须遵守。

社区的规则是不允许挑衅的，一旦破了先例，往后就会有数不尽的麻烦。用户会说："××违反规则了，你怎么不处理？"这样你就等于被用户绑架了。关键是，纸包不住火，你想瞒一定是瞒不住的，用户才不管你是谁呢，他会到处传播。

当然，你也要知道制定规则不是为了限制用户，而是为了保证社区的基本运行、稳定和持续发展。很多社区就是因为规则不完善，或者运营对于规则的界定、解释不明确，导致圈不住用户，社区秩序紊乱的。

五、懂得感恩用户，并且落到实处

既然用户使用你的产品，那他就一定是有诉求的，你就需要服务好用户。时代已经不同了，对用户暴戾恣睢，已经完全行不通了。

优秀的运营人员通常都会在某个社区沉淀很久，而这背后的原因则一般是被用户所感动。

坦白地讲，我被用户出卖过，而且不止一次。明明是我与他的私人对话，他却转眼就把聊天内容以截图的形式发送到各个群里，让人很难堪。但就算是这样，我也从来没怨恨过任何一个用户，因为既然选择了做用户工作，你就没有抱怨的资格。做不好，只能说明是你的失职，跟用户没有任何的关系。

我离开猫扑时有一个遗憾，就是猫扑电台。因为官方从未给予过应有的支持，电台连页面都是用户做的。我曾经答应帮他们改造完，最终还是没能做到。

可以说，这些年我的成长是与这些用户捆绑在一起的。他们是我最好的老师，值得我一辈子感恩铭记。基于此，我认为自己是个有资格去谈论情怀的人。希望你们也能认真感受，用心对待他们，成就不一样的自己。

六、学会把荣誉感交给用户

那么，为什么要把荣誉感交给用户呢？

这是激励用户的最高境界。和现实一样，物质、精神激励都要有，但你需懂得——精神激励才是高境界。原因很简单：用户最需要的永远是那些在现实世界里根本不可能得到的东西。

可实际上，很多做UGC（用户原创内容）的社区却没能把荣誉感交给用户，而是天天在让运营人员发文章，然后拿来推荐。这对用户来说毫无意义。哪些荣誉感该交给运营人员，哪些荣誉感该交给用户，这是运营主管必须想清楚的。

最好的用户都是培养出来的，是社区最宝贵的财富，会影响更多的用户。把功劳给用户，用户会发自内心的感激你，他们会自觉帮你传播。用户互相学习，从而形成连带效应。这也就是说，每增加一个好用户，就等于多出一份运营力量。做过版主工作的都知道，版主代表半个官方——用户运营工作，某种意义上就是培养民间运营人员。

以上是我个人对提升用户把控能力的一些建议，希望能对大家有所帮助。如果实在想不明白，你可以尝试着跟用户换位思考一下，相信很多问题就能迎刃而解。

放权给用户，让你更轻松

最近有人跟我说："做社区好累啊，每天要处理一堆的事情，马上新产品又要发布了，估计我的工作量要翻倍了，我不行了。"我和他说："你有多少能帮你分担工作的靠谱用户？"他立即傻眼了……

事情就是这样，很多运营人员都是事无巨细，什么事情都亲力亲为，结果害得自己忙成狗。原因无外乎以下几个：

第一，过于相信自己的能力。

我非常不喜欢几个人在一个会议室待几个小时憋一个方案的做法，运营不像策划工作，极其琐碎，是要时刻考虑用户感受的。你真的以为你的每一个想法，用户都能参与其中吗？未必。

第二，不愿意放权。

很多运营人员都有一个误区，总觉得用户做的东西质量不高，觉得交给用户不放心。其实，个别用户的能力并不比专业的运营差。再说了，用户本来就不是从事运营工作的，做不好也是情有可原。

第三，不愿意每天花时间去培养用户。

为什么？因为这是个慢活、苦活。但凡有团队管理经验的人都知道，异地管理实在是很辛苦，何况是管理用户？所以很多人宁愿自己把活干完，早点儿回家，都不肯每天花点儿时间去培养用户。

其实，我们做运营的就好比一个公司的CEO，公司上上下下那么多事，如果你样样事必躬亲，累死只是早晚的事。所以，我提出的用户运营金字塔模型其实跟现实生活中的很多逻辑是共通的。我一直认为，一个没有"用户禁卫军"的运营，哪怕你单兵作战能力再强，你永远都只是一个普通运营。所以说，做运营无异于管理一家公司，而用户运营就等于如何管理你的员工。因此，我有必要相信，一个顶级运营，将来也同样能管好一个公司。

现在，你能理解放权给用户的重要性了吧。那么，该如何放权给用户做更有价值、更有意义的工作，把你的用户打造成你的一支禁卫军呢？你可以从以下几个方面入手。

第一，放权是以你的业务能力为基础的。

作为一个管理者，你首先必定要弄清楚自己的业务和产品。否则在下属询问的时候，你就无法给出一个令之满意的回答，你也就无法管理好自己的下属。

在我的用户金字塔模型理论中，我始终强调运营是处于金字塔最顶端的，你会影响整个用户体系。你的能力将决定下面各个用户角色能力的上限；你的能力将决定这个用户金字塔的整体质量。因为用户的能力一般不太可能超过你。

所以，我们一定要提升自己的业务能力，在运营积累经验的阶段，你一定要多花点儿时间去涉猎一些未知的知识。从根本上说，运营工作是以年为单位来计算的，那种只努力了个把小时就能弄明白的，我至今还没见过。

总结成一句话就是：如果你想放权给用户，你就首先要把业务做熟悉。反之，那只是一种偷懒行为。

第二，放权不等于把自己的工作都交给用户。

一个好的运营，需要有很强的大局观和主观判断力，什么事情该交，什么事情不该交，心里面都有底。

哪些工作是你该做的，哪些工作需要用户帮你分担，哪些工作可以充分放权，你自己心里一定要有数。有些过于复杂的工作是绝对不可以交给用户的，并且你要考虑到用户的生命周期——他每天花费在你的平台上的时间是有限的。乱放权，只会缩短这个周期，或者导致用户反感。

第三，哪些工作可以放权给用户。

其实，除了宏观的运营规划一类的，领导和公司指派给你的重要工作，以及一些非常紧急的工作和涉及公司机密和数据类的工作等，运营日常工作至少有一半是可以考虑放权给用户去做的。前提是你得有一帮靠谱的真心肯做你的左膀右臂且能力还不错的熟手用户帮你。

对于社区，我们可以放权到何种程度，我接下来列举一些：

线上的大型、中型、小型活动其实都可以放权。品牌活动不建议放权，但线下活动的部分工作可以放权。

用户组织的运营工作。比如版主体系，可以放权给高级版主，管理中级、初级版主；比如招聘、培训、考核等工作也可以放权。对于在社区享有最高威望的老版主，甚至统计工作、某些用户组织也可以放权给他们来管理。

产品型的用户组织形态的运营管理，也可以借鉴版主体系。

产品的测试、优先体验工作，可以放权给一些核心用户。

某些需要发挥集体创意的工作，创意点可以发动用户一起来想。其实原来做的很多活动创意并不是我首先想出来的，而是从用户那里得到的启发。

某些产品功能点，也可以出自用户之口。

日常运营工作，比如在社区里，置顶、加精、优质内容甄选、评论引导和优质用户推荐等，都可以交给用户来做，这些我就不一一列举了。

第四，如何培养一帮可以让你大胆放权的用户。

首先，需要时间。好的用户一定是需要用时间来沉淀的。运营本来就不是急功近利的工作，而是需要培养的，如果想短时间就出效果，那你不需要做这份工作。这跟公司培养人才一样，把一个新人培养成一个人才，一定需要时间。从另一个方面说，耐不住性子的运营，一定成不了顶级运营。

其次，肯和用户一起成长。你需要花时间和他们熟悉，和他们交心，和他们磨合，还要肯把自己的某些技能传授给用户，允许用户犯错。你必须把用户当成你的合作者，你是在和他一起把这个工作做得更好，而不是上对下的关系。你帮助用户成长的过程，其实也是用户帮助你成长的过程。所以，不管是在什么场合，我首先感谢的都是我的那些用户们。用户是我的老师，他们教给我的远远比我的领导教给我的要多很多。

再次，建立你的个人威望和品牌。这点不需要解释了，我想谁都懂。

最后，提供给用户更多的历练的机会。跟我们带人一样，如果你每天让他们做重复、枯燥、机械、无聊的工作，一段时间之后，他们一定会辞职不干。为此，你需要帮助他们找到工作乐趣的同时，还需要给他们带去更多的快感，不断地给他们一些新的尝试，以保证在检验他们的同时，也让他们的能力得到提高。

需要注意的是，在授权给某个人以后，要让所有用户都知道。既然决定让用户帮你打理事情，就要有正式的授权，而不应藏着掖着。如果你不告诉所有人，被授权的人是无法心甘情愿帮你做事的。这是基本原则。

如果你已经懂得应该如何放权给用户，那么，下一个问题要解决的就是，放权用户的时候你要做什么的问题。你可以检查、考核他们的工作效果，帮他们分析问题所在；对表现好的进行奖励，对做得不好的要帮他找出问题的所在，并进一步指导。这些我就不细说了，相信大家都能领悟。

培养社区的灵魂用户

一个顶级社区一定是"双灵魂"的，即一定有两类"灵魂"人物：

一个是官方的灵魂，什么样的运营人可以成为灵魂？一句话概括——谁能真正把这个社区当成自己的儿子，谁就是灵魂。灵魂不一定是CEO。只要用心，谁都可以成为灵魂，无论你现在身处何种角色。

另一个是用户里的灵魂，什么样的用户能成为灵魂？对社区有超强的忠诚度，在社区有至高的影响力，能代表社区的气质。甚至可以说是社区的形象、品牌代言人的人。

所谓灵魂，其实就是工作中的精神领袖，以及用户金字塔塔尖的顶级用户。灵魂是社区的重中之重，魂丢了，则社区危矣。

106

因此，对于每个社区来说，都一定要培养出至少一个灵魂用户。

那么，如何培养社区里的灵魂用户呢？下面，通过一段我的亲身经历来阐述一下我对这个问题的观点。在这之前，我想先请大家欣赏一段美妙的现代诗词，并且这段诗词将会带出接下来我要介绍的这位"女神"。

她是天上的仙子却不知为何降落到人间，

让我们得以目睹如此绝色的女子。

她调皮可爱像邻家妹妹，

又妖媚性感，成熟高贵，无与伦比。

她开朗大方如一缕阳光让人开心，

她真诚对人如一股暖流滋润你的心田，

清纯与妖媚融合在一起，

天使和魔鬼都对她嫉妒，

男人和女人都为她疯狂。

她的完美让那些艳俗的明星全不值一提。

她虽然只发了一个帖子但人气却无人可比，

她就是让几十万网友为之喜爱的中国青年，

光芒璀璨耀眼的——

魔女花茶！

魔女花茶又是谁呢？她有"猫扑女神"之美誉，是猫扑著名的白领美女，有"中国最美丽的白领美女"之称。2010年5月，魔女花茶的帖子《百变的魔女，不变的花茶》因回复数量高达12.3万，一举成为互联网回复率最高的美女帖。到了2014年，她的帖子累计回复达到25万，总点击量过亿。

那么问题来了，为什么她可以成为一个社区的灵魂？原因有以下几点：

第一，对社区的忠诚度高得可怕。

她的帖子自2006年12月30日创建开始，几乎天天更新，一直更新到2014年猫扑的帖子被清档。仅凭这个时间跨度和频率，全世界可能仅此一例。

第二，花茶形象健康，是个白领美女，而不是一个"花瓶"，她不靠脸蛋吃饭。

她有超强的投资理财意识，从小就具备发现商机的敏锐嗅觉，在房产、股票、基金等方面均取得不俗的成绩。不仅与朋友合资开设了一家健身房，而且还会帮一些设计公司做顾问，帮传媒公司做人员辅导和培训。后转行至金融行业，开始从事投资产品的相关工作。由于按照行业管理规定，不能从事股票投资，所以她的金融投资对象已经开始转向基金等其他产品。

第三，花茶玩社区不存在任何功利心。

她在帖子里面从来不会帮自己宣传，而是一如既往地低调。她被媒体曝光，也是2010年以后我们帮她安排的。

第四，花茶平易近人

她帖子里的照片有数万张，并引导粉丝在帖子里形成自然优良的聊天习惯，帖子里从无谩骂、刷屏等社区常有的一些陋习。

第五，她形象正面，媒体对她也给予了很高的认可。

《南方都市报》《深圳特区报》等平面媒体都对她投资理财的故事进行过报道。2011年，湖南卫视《天天向上》节目"投资女达人"专题邀请花茶出席担任节目嘉宾。

这样优秀的用户，请问我们有什么理由不选她做我们社区的灵魂呢？

回归正题，既然灵魂用户对于一个社区来说是如此的重要，那么灵魂用户应该如何养成呢？

俗话说"实践出真知"，其实随着接触的用户越来越多，接触的时间越来越久，通过对比你自然就能发现哪些用户值得你把她奉为社区里的"珍宝"。

通常情况下，一个健康、正常运营的社区，是完全有能力留住那个真正有价值的珍宝级用户的。倘若这么优秀的用户都保不住，那只能说明此社区管理者能力不足。

得用户者可得天下。好用户和人才一样，"周公吐哺，天下归心"。因为你重视这些用户，其实是在树立社区的标杆，告诉其他用户，只要这样就可以受到社区最高级别的重视。用户都很聪明，他们能看到你的付出，他们会互相学习。

反之，如果社区无视用户，把用户当成傻子，那么用户必然会大量流失。所以，想要留住灵魂用户，就要从以下几个方面努力。

要点1：为灵魂用户定制运营策略

灵魂用户必须受到社区特殊级别的对待，你必须帮助她树立在社区里面的地位和影响力。让所有用户都认可她（哪怕她帖子的点击量不是最高），具体运营要在这些细节上下功夫。

第一，日常维护。

花茶每次更新照片，我们一定会推荐到黄金位置上。

花茶从来没对我们提过一次特殊的需求，或是让我们给予优待，她甚至主动要求我们尽量少为她作推荐。

花茶的帖子，回复内容我一定会看，有时间了，还会时不时地回复一下；偶尔，我们也会在QQ上互相谈谈心。

第二，我曾连续三年为花茶做活动。

2008、2009、2010年，我连续为花茶做了3次活动。

效果最好的一次是"魔女花茶模仿秀"的活动。在这里我针对这次活动的规则简单描述一下：

第一环节：网友将最希望魔女花茶进行模仿的照片，回复在本帖中；魔女花茶会从中选出她最喜欢的照片，并模仿照片中的动作、表情拍摄照片。被魔女花茶本人选中照片的moppper（即猫扑用户）为胜利者，设立一二三等奖进行奖励。

第二环节：mopper给魔女花茶拍好的照片加上合适的背景，回复在帖子中。

魔女花茶从所有作品中选出最喜欢的若干张照片，做成精美的立方体水晶摆件、水晶拉米娜、水晶苹果、精品拉画笔等实物作为本次活动的奖品！奖品是由我的朋友提供的，当时还提供了一些写真拍摄机会。

两个环节做下来，活动效果出奇的好，不断有人加入帖子互动，总点击量节节攀升。关键是，活动成本为零。

看到"花茶效应"这么好，于是我也会邀请她参加平时的活动，或者作为活动的评委。

要点2：帮助灵魂用户提升曝光度和知名度

我们不是刻意炒作，面对如此优秀的用户，我只是觉得，如果不能通过媒体帮她提升曝光度和知名度，让更多的人了解和认可她，简直是天理难容、暴珍天物。但是我们的平台毕竟有限，这就需要更多的业界朋友的帮助。

花茶上的第一个节目是由名模李艾主持的——当年江苏卫视的《幸福晚点名》；后来，在2011年时，花茶上了湖南卫视的《天天向上》。

要点3：对用户的承诺

用户运营工作的核心是什么？是对用户的足够尊重。

我做基础工作时，维护过的用户我自己都数不清。用户真的其实都挺可爱的，如果你在与他们沟通和交流时能够多付出一份真心，你就会潜移默化地被用户感动，你会更加珍惜和热爱这份工作。

在我参加工作的这10年中，最令我感激的就是这些可爱的用户。

讲了这么多，无非就是想说清楚一点：用户是需要你去交心、以诚相待的。你必须让他知道，你在乎他们；用户都是懂得感恩的，你在他们身上付出了多少心血、精力，他们都是能感受到的，所谓投桃报李，你的付出决定着你将会有多大的收获。而社区里的灵魂用户，犹如社区里的瑰宝，更加应该给予重视。

最后，如果你的社区里有像花茶这样的灵魂用户，我真诚地对你说三个字："请珍惜！"

揭秘美女用户的内心世界

在整个用户运营中，女性用户的维护绝对是个难点，尤其是美女用户。别觉得跟美女聊天是件幸事，跟几个美女聊天可能会很high（高兴），但让你跟几千个美女聊天，那就绝对不会是一件很快乐的事情了。

我在猫扑接手的第一个版块叫《真我秀》，当时为了破局，我专门做了一期真人美女的专题。当时没弄假数据的原因是，我觉得假的永远是假的，真人用户才是最有价值的资源。果然，经过我的努力，第一个月结束这个版面的数据就增加了3倍。在这里我将与大家分享一些我在维护美女用户方面行之有效的方法。

一、社区美女的一些基本特征

网络美女其实很早就已经出现了，最早应该是2001年至2003

年间，代表人物有 ayawawa、dudulook 等，因为她们特殊的形象和身份，在社区里有着很强的号召力，可以说是一呼百应，其中有不少是靠性感搏出位。

2005年至2006年间最出名的两个人，相信大家都不会陌生——天仙MM和芙蓉姐姐。当然，此时的芙蓉姐姐仍是"以胖为美"，而另一位天仙MM团队，据说在2006年一年就赚到300多万元，这在当时绝对是天文数字。时光如梭，转眼十年过去，很多人早已离开这个圈子。对如今的"90后""95后"来说，她们或许已经属于上古时代的人物。2008年以后，很多模特纷纷通过网络渠道打造自己的名气，有些人甚至进入影视圈发展，成为大家耳熟能详的影视演员，比如张馨予。当年我认识的那批美女，很多都已经嫁作人妇。由此可见，一个人再风光也总要回归现实的，美女也不例外。

下面我就说说，这些虚拟世界里的美女用户都有哪些特征。

第一，有钱。甚至有些称得上超级有钱，给人感觉像是富家女。就我个人的经验来说，基本没有见过穷的。这也使得她们非常自信，不管是同人讲话的语气、方式，抑或她们待人接物的过程，你都会感觉到那种由内而外的自信，非常自然、舒适。

第二，对八卦感兴趣。八卦分为两种：一种是明星八卦，一种是圈子内的八卦。

第三，购物狂。对时尚好看的衣服永远持顶礼膜拜的态度。尽管她们有穿不完的衣服，但还是会花很多精力和时间去关注这些东西，恨不能尽揽天下所有漂亮的衣服。

第四，有故事。美女嘛，生来就吸引很多人关注，想不产生故事怕也很难。

第五，几乎没有文笔好的。可能是美女把更多的时间用去打扮而不是读书的原因吧。

第六，敢发素颜照的越来越少。2008年之前，我们见过的美女都很真实，甚至很多敢以素颜的状态出现；2008年之后，随着各种PS、美图工具的出现，很多美女就变得有所失真。

需要注意的是，很多人其实根本不是大家想象的那样，一些美女哪怕她网上的行为再乖张，风格再泼辣，现实世界里也都挺正常。只有一点，但凡通过网络成名，名气很大且维持很久的，智商都很高。

二、维护美女用户的一些基本技巧

对于维护美女用户来说，虚拟世界比现实世界更易搞定。原因就在于，美女们实际上对虚拟世界的需求很容易满足。她玩社区的目的不外乎这几种：被关注、想红（想上推荐、头条）、交朋友、无聊打发时间、渴望被理解、分享故事等。对奖品她们反而没有那么热切，因为在现实世界她们已经是集万千宠爱于一身的公主——除非你的奖品分量真的很重。

因为对美女用户的重视，当年我费了很大精力专门拉来很多模特入驻猫扑。集中的体现就是2008年后，猫扑上聚集了一大帮美女，她们的身份都是真实的，因为是我一个一个千挑万选拉到社区里的。

拉来美女用户之后，关键就在于你怎么去进行维护了。以下是我常使用的一些方法（仅供参考，切忌机械模仿，如有意外，后果自负）。

第一，不要吝惜溢美之词。

任何一个女生都喜欢听到有人夸她好看，更何况是一个美女。哪怕她不是你喜欢的类型，也不要吝啬溢美之词。学会赞美是一种学问。

第二，主动为她们提供糖衣炮弹。

不管走到哪里，美女永远都是稀缺资源、有价值的用户，需要区别对待。所谓糖衣炮弹，其实就是在了解她们的真正需求后对症下药。当然这个需要花时间细细研究，毕竟讨美女欢心不是一件容易的事情。

第三，不定期维护。

但凡美女，都是有点儿高姿态的，每天有一堆人围着她们转，自然不会天天主动来找你。而这种优质用户你又很有必要维护，所以必须采取不定期维护的办法。

第四，通过各种运营手段增强她们的留存率。

作为美女，她们肯入驻你的社区，就必然抱有一定的目的。如果对你的社区又足够忠诚，这简直堪称极品。所以，你有必要通过各种运营手段来增强她们对于社区的黏性，增加她们的留存率。

比如你在策划UGC类的活动时，特别是有特色、有噱头的品牌活动，就可以主动邀请她们参加，越大型的活动对她们的吸引力就越大。

第五，重视细节，细节才能感化她们。

不要在需要她们时才想起她们来。正确的做法是，平时的嘘寒问暖、生日祝福，甚至日常和她们聊天时，你都要记得为她们送去一份祝福或者安慰，让她们知道开心时有人一起分享，难过时有人一起陪伴，总是有一种很温暖的感觉。

第六，对重点用户，重点照顾和培养。

美女用户里一定有一位甚至几位是特别出众的，为此你需要从中找到最符合社区形象、文化特质、有素质、有涵养的那位，相当于你要将这些用户转化成社区的形象代言人，让她为你的社区代言。所以，最有潜质的，就是你需要重点培养和照顾的。

三、运营美女用户的方法和技巧

第一，区别对待。对于非常难搞定的用户，比如互联网小白，因为她们不怎么懂互联网知识，平常上的网站也没几个。所以你沟通起来会比较困难。对于这样的用户，只能选择放弃。毕竟你还需要留着精力和时间去联系那些有可能会跟你合作的美女。

第二，美女用户的素质各不相同。一个质量很高的美女帖子是极其难得的。90%的美女都不擅长起标题，经常会拟一些诸如"第一次""我来发帖子了"等低俗的标题。有时候甚至只有一张照片，连基本的文字内容都没有。

遇到这种情况，我通常会放下一个老爷们的"自尊"，模仿女孩子的语气，硬着头皮、手把手地教她们如何改标题、改内容、上传图片。毕竟是美女用户，不好好利用是很可惜的。

第三，准备好在任何时间接招。美女的作息一般是乱的，有很多人是在半夜才上线，甚至每天任何一个时刻都有可能。所以你要有一颗淡定平静的心，准备好在任何时间接招。

第四，你必须懂心理学，必须会关心人、安慰人。我经历的一件印象深刻的事是，当年猫扑上有位特别出名的空姐，因失恋在社区里发帖发泄，哭了整整一个晚上。于是我用自己仅有的心理学常识去安慰她，给了她很多鼓励和支持，结果，就在第二天，她又和男朋友和好如初。从那以后，这位空姐就把我视为救命恩人，时刻关照我和我的社区了。

4

用户运营实操法则

我们可以通过产品手段和运营手段刺激用户，让用户获得更多的满足感，其实，这就是在满足他们的收集癖，而他们收集的则是：存在感、荣誉感、别人和自我的认可感。

拉用户的方法和技巧

在做运营的过程中，一个一个拉用户需要有很好的耐性，但很少有运营人员能保持这个好习惯。这个工作是每个运营人员都需要做的，至少在做基础运营工作的最初几年里需要一直做。我当年就是这样做过来的，虽然养成了因为疯狂追求数量而导致工作和生活混淆的恶习，但我当时创造出了值得骄傲的业绩，这也是我这数十年来所积累下的一份最大的运营经验。下面就和大家分享一下我在运营工作中经常用到的拉用户的方法。

一、带着目的去沟通

拉用户，你要明白拉来这个用户能干什么，不能干什么。所以在拉用户的时候，你需要充分了解这个用户。

千万不要变成漫无目的瞎聊，或者被对方牵着鼻子走。

二、投其所好

在和用户沟通时，要像和女孩谈恋爱一样，不能说用户不爱听的——对方失恋了，你就要适当地安慰一下；对方喜欢小动物，你可通过小动物和对方拉近距离；对方是女用户，你要学会夸对方漂亮，等等。总之，要学会把话说到对方心坎里。

三、落地

拉用户不是以拿到这个用户的QQ、微信、电话等联系方式为最终目的，那不叫拉用户，充其量算是联系用户。拉用户的最终节点是落地，即让这个用户在你的平台上产生价值，同时你也能给对方带去好处。

四、质量更重要

质量高的用户在转化率上更有效，所以，要有选择地去挑选和跟进用户。这时，你的眼光就会显得非常重要。

五、日常沟通与维护

做用户运营时，需要在用户日常的沟通与维护上下功夫，切忌不可在用到客户时才想起，不用时就丢一边，这会对你后期的工作非常不利。

当然，一旦用户数量增多，仅凭你自己的能力肯定无法把每个用户都照顾好。此时，你就需要划分出哪些是你的重点用户，在一些节日或重要活动时想方设法给他们一些照顾。

其实，拉用户没有听上去那么艰难，最本质的一点无非是聚沙成塔，只要够专注、有耐性就可以做好。但能够坚持不懈，始终保持原则的人太少了。当然，我这么说也并非承认拉用户这项工作很简单，没有任何难度，它只是入门简单。越深入，你会发现自己要处理的事情越来越多，你要学习的东西也越来越多。

只是同样一份工作，不同的人会呈现出不同的结果，那些成为高手的人无非就是做到了这六个字：用心、坚持、专注！既然已找到策略和方向，那么你就应该调整自己的工作态度，用心、专注地坚持下去。相信总有一天，你会成为一名出色的运营人员！

需要注意的是，在运营用户的过程中，首先要摸清承载这些用户的平台资源有哪些。比如，你运营美女用户，就应该知道哪些平台上面有真实的美女资源——这些工作都要靠平时去积累，否则一旦忙起来就容易迷茫。那么，应该如何寻找或利用这些重要的站外平台资源呢？

第一，工具。

在这个行业里有些工具可以很好地帮助你。比如，艾瑞网的网络媒体排名。我刚开始的时候就是通过它掌握国内各个行业的主要网站资源，然后花大量时间去研究，最终成功找到了自己所需要的资源。

垂直用户平台。国内、国外有很多这样的平台，比如站酷——聚集了一帮优秀的设计师。只要你够用心，一定可以找到很多。

第二，社群。

就目前来说，很多公司都在做社群运营。只是我无法理解，社群这种运营工作里面的一项基础工具，为何会被媒体标榜为一种伟大且先进的创新模式，它甚至都谈不上是一种运营模式。我有40多个微信群和QQ群，群里总计16000余人，这些资源都是我利用业余时间拓展来的。最快的一次，我曾用一周时间创立了一个500人的群。

不过现在微信群明显没有QQ群活跃。很多微信群已然成为各种广告的领地，管理起来成本非常大。除此以外，我也从不支持换群的行为——你在一个群里不能建立权威的情况下，加再多的群也无济于事，转化率很低。

管理社群最有效的办法是：以一定的目标、结果导向为前提去发展社群，为别人带来实实在在的帮助或好处，只有这样才能有效地促进转化。反之，只知道一味索取，只想着为自己捞好处的行为，一定无法换到回报。

第三，当前流行的平台。

现在，最主流的四个用户平台是：微博、微信、QQ空间、贴吧。除此之外，还有一些其他比较大的平台：知乎、豆瓣、twitter、instagram、tumblr等。

这些平台，除了平时在上面消遣、打发时光以外，你还可以挖掘、积累一些有效资源。这些平台之所以充满魅力，就是因为上面汇聚了很多相当优秀的人才。你如果能通过策略联系到其中一位，那掌握其他优秀人员的资源也就指日可待。

同时，在联系这些人的时候不要害怕被拒绝。现代社会就是一个供需合作的社会，再优秀的人也需要同别人合作才能完成他想做的事，如果你恰好手里有他需要的东西呢。遇到你想"勾搭"的人，尽管放心联系就行，私信，直接跟对方谈或者索要微信、qq、电话，总之一句话：遇到自己想"勾搭"的人就去谈。

无预算，如何做运营活动

前不久，有同行和我说他们的年度盛典活动有 600 万元的预算。我当时很是吃惊，然后想到我在猫扑工作的 7 年里，拿到的市场预算加起来好像都没超过 6000 元。如果减去做活动时使用到的玩偶等周边产品，说是预算为零一点儿也不为过——也许你会说是我穷酸惯了。但我想表达的是，如果零预算就可以把一场活动办得高大上，且完全能达到预期的效果，又有什么理由花那么多钱呢？在这篇文章里，我主要分享一些在预算极少的情况下如何办好一次活动的经验。

经验一：在日常运营工作中，学会积累用户资源

在运营工作中，积累用户资源是每个运营人员每天必做的事情之一。具体如何去做，在前面的内容里已经提供了一些入门级

的方法和策略。需要注意的是，用户资源不在多而在精，更在于平时的积累。

最关键的是，你会在用户运营中找到乐趣。因为在积累用户的过程中你可以接触并认识到一些很厉害的用户（美女、网络红人、写手等），甚至是明星、导演——众所周知，把工作和兴趣结合在一起，工作起来就会事半功倍。

当你有了足够多的用户资源，在做活动时你就可以直接拉他们去参加。或者更进一步，你可以邀请一些在互联网比较知名度的用户充当你活动的评委、特邀嘉宾。我之前就经常请一些网络红人或推手做评委，现场效果非常好。这些人的出现会在无形之中令你的活动提升一个档次。

经验二：牢记活动的目的——这是很多运营人都容易忽视的一点

切记，活动运营，不是为了做活动而做活动。

如果一个活动的意义很大，比如能给公司带来收入，你可以去找销售部门寻求支持，毕竟关系到公司业绩他们会很乐意帮忙；如果是你所在的部门负担收入，你可以将活动的成本一起算进去。相反，如果一个活动意义不大，或者根本没有做的必要，或者你都没想清楚，那宁可不做。做任何活动之前你都必须拿出至少一个能够说服你的领导和你自己的理由，否则你即使做了也是做无用功。

很多时候，活动运营的基本出发点是宣传网站品牌。如果你制定策略时也能够从这个角度出发，你就会想到很多切合实际的创意。从品牌出发，意味着你会首先考虑时间成本——小活动、小话题我一般要求运营人员在 5 分钟到 1 小时内做出帖子；中型活动和大型活动会要求做得漂亮些，比如使用专题的形式，活动细节也会进行深加工，因此时间上也就相对会更充裕些。

经验三：巧妙解决活动没有奖品的问题

关于做活动没有奖品的问题，估计很多人都遇到过。对此，我一般主要采用以下几种方法。

第一种，找赞助。

所谓的赞助其实就是向能够提供活动奖品的个人或者公司寻求帮助。双方达成合作后，只要在活动中给予合作方一定的利益即可。但需要遵守一个原则——切勿找公司的品牌客户或者有可能成为公司潜在客户的公司作为赞助商，因为这样会给销售部门造成干扰，影响公司的效益。当然你也可以找朋友帮忙，我做第一个活动时，就是从一位朋友那里弄到了两瓶香水——简直堪称雪中送炭啊，那份感动我铭记至今。

第二种，联合销售部门一起做。

一般来说，做活动往往容易出现两个极端：一种是很多运营人员只知道一个劲地闷头傻干，忘记了活动本身也是可以售卖的；另一种是做活动纯粹为了销售和增加收入。前者过于盲目，后者功利性太强，而最好的活动需要两者有效的平衡——既兼而有之，又能相互促进。怎样才能做到如此完美呢？其实你不必太过担心——如果你把活动做得独具匠心，是很可能具备售卖性质的。

但无论是否能够顺利售出，一旦与销售部门达成合作，销售人员通常会帮你找到奖品，毕竟他们是直接和客户联系的。

第三种，寻求领导的帮助和建议。

这个办法建议作为下下策使用，记住一点，永远不要把问题抛给领导。

经验四：制作活动文案的一些细节和技巧

在制作活动文案时，希望大家牢记以下几点：

第一，标题。和帖子一样，活动文案的标题相当重要，有一个好标题就等于整个活动文案成功了一半。为此，标题必须夺人眼球，索然无味的标题用户甚至都不会去点（关于如何写好一个标题的方法，我在前面已有介绍，在这里就不再重复了）。

第二，活动内容。活动内容一般包括：活动简介、活动大图、活动流程、奖项说明、奖品介绍和注意事项等。每个环节都必须仔细斟酌，务必做到精简凝练。为了突出重点，你可以用黑字或彩字加粗，段落保持清晰，一目了然。做这些准备工作时要始终坚持一条原则：务必要用最简单直白的方式，使用户明白此次活动的目的，这样才有可能吸引用户的参加。

需要注意的是，尽量将活动精华的部分放在流量最集中的页面进行展示，尽可能规避二次点击的可能性。这样做的目的是为了提高用户的存留率。

所以，我每次做活动前都会花大量时间来加工这些细节。比如针对网站页面的参赛作品，每次只要有新作品出现，我每天都会在第一时间将作品更新至活动首页（当然如果你有活动系统就不必这么麻烦，我以前的做法过于原始），这样不仅可以引导更多的人进来参与，也能吸引浏览用户更多关注。

除此以外，你还要重视回复的引导，这对于活动参与者和浏览用户来说，非常重要。不好的评论或是对参赛者具有侮辱性的回复，尽可能地删掉。总之，要把活动的口碑放在第一位。

第三，活动奖品。这点非常关键。我们都知道，参与活动的人大部分都是冲着奖品去的，奖品的质量直接影响活动的质量。既然奖品这么重要，那是不是就必须给人民币才好呢？答案是：NO。在我看来，如果你给的是用户现实生活中不太可能得到而又非常实用的东西，反而对用户的诱惑更大——当然，如果你非要将人民币设置为奖项，数额又够大，那自然更好。需要注意的是，策划奖品环节时，奖品的图片一定要有——无图无真相，你懂得。

最后是获奖规则。不要设定太高的门槛，这会直接导致用户丧失参与活动的积极性。基于此，在必有的几个大奖之外，你还可以适当设定一些参与奖，以弥补用户得不到大奖而造成的心灵上的缺憾。

经验五：活动运营的灵活性

我刚到猫扑时，做的第一个活动就使我负责的版面数据增加了3倍。当时的主题是"美腿大赛"。基于这个标题可能会出现的某种不正面的误导，以及这种活动可能出现的弊端。我刻意在标题里加了"健康"二字，变成"健康美腿大赛"。这样某些不合格的作品便可轻而易举地被限制参赛。

除了在标题上下功夫，我还走了其他捷径：当时淘宝刚刚做完一款同类型的活动，为方便起见，我从淘宝网站上筛选出我认为最合适的作品，并且联系到参赛人，邀请她们一起入驻猫扑。果然，因为有这一批高质量的作品参赛，我的活动收益非常明显。

这些看似有些"投机取巧"的门道，只要你利用好了，能令你的工作迅速提高效率。

当然，除了"挖墙脚"，猫扑也有自己的努力——本着认真负责的态度，我们从本地参选的作品中筛选出一些优秀的作品，并在第一时间给予推荐，积极引导网友参与互动，增加用户黏度。

几次活动之后，我手上的用户资源越来越多，每次做活动的效果也越来越好。

总之，你始终要把握住做活动的目的，即重质而不重量。也就是说并不是参赛的作品越多越好，而要看作品质量高不高。举个例子，我们做过一次自拍大赛的活动，参赛的作品质量高到很长一段时间我都无法选出心中的第一名；同时期，人人网举行的同类型的活动，当时有1万多人参加，到最后却硬选不出一张好的，这就是差别。

经验六：活动永远是"做"出来的，尽力体现出活动的效果

永远不要抱有任何幻想——等着用户来参加你的活动。要记住，最好的活动永远是运营出来的。对此，你可以从以下三方面来增加运营效果：

第一，注重运营活动的作品。

想要凸显活动效果，你首先要保证活动必须有足够多的、高质量的作品，这是你努力的方向。你必须对活动的细节了如指掌，这样有利于你及时、准确地筛选出合适的作品进行重点推荐，增加用

户的黏度。合理地运营活动作品，不仅可以对活动效果起到推波助澜的作用，同时还能帮你锁定哪些是需要站外推广的内容。

第二，站外推广。

结合站外推广，促使你收获更棒的产品推广效果。目前常用的渠道有微博、微信、QQ空间等。使用站外推广时一般需要强调内容本身，因为单纯的推荐主活动对用户的吸引力不大，所以你不如尝试推广活动中的参赛作品。具体方法是：将参赛的作品单个进行宣传，或者通过合集的方式，把最好的作品整合起来进行传播。

第三，利用站内有效的资源（广告位、推荐位等）。

关于站内推广，我必须说的一点是：你要清楚自己的网站有哪些资源可以有效利用；如果不清楚，那就在平时多注意归纳积累或咨询相关负责人士。这点非常重要，因为运营的其他环节也会涉及这些内容。

总之，细节决定成败。活动运营涉及的细节特别多，理论永远是理论，不经过实际的操作，具体地去了解每个环节、每个细节，去了解过程中可能遇到的问题。你永远不会知道如何去解决，更不会知道如何才能更快、更高效地做出高质量的活动。

低成本积累用户的基本思路

在上一篇文章中，我简单介绍了如何低投入地做一场高回报的运营活动，其中提到的一个关键词是——用户。那么，这篇文章主要提供一些关于积累用户方面的技巧和注意事项，希望能给大家的工作带来一些帮助。

在讲那些听上去有些枯燥的理论之前，我想先分享一个我遇到的一件有趣的事。最近，有个别闭门造车的纯产品人员试图颠覆我关于用户运营的理论。比如，我认为我们做运营工作和产品工作首先应该建立各种渠道让用户、用户组织更加通畅地彼此产生联系，他们却持反方意见，认为用户和用户之间需要保持个体的独立性；我认为应该让一部分优秀的用户脱颖而出，他们却认为这样会破坏社区氛围；我认为我们应该鼓励用户扎堆，他们却认为用户扎堆不利于运营管理，甚至会对社区产生威胁，诸如此类。

基于此，我甚至开始怀疑他们做的产品根本没有基于用户真正的需求。其实虚拟世界里的很多逻辑和现实生活是相似的，我们做产品是为生活在现实世界里的用户们服务，所以首先必须要考虑到他们的需求和喜好。反之，像他们这样只一味地根据自己的品位设计产品，只会让用户感觉自己没被尊重。

我知道，当下的时代不少人急功近利，想用很短的时间博出成绩。但运营是个长期的工作，它很考验运营人员的基本功。所以，成为一代运营大咖的秘诀永远只有一条：褪去浮躁，保持一颗沉静的心，认真钻研运营技巧，用心揣摩，努力实践，并且拥有一个良好的工作态度和运营习惯，才有可能在运营领域内做出一番成绩。

在这篇文章里我主要和大家分享一下关于积累用户方面的知识。我认为积累用户是一项长期的运营工作：好比一个池塘，应该定期换换水、撒点新鱼苗，这就是所谓的运营工作中的"新陈代谢"！

积累用户是用户运营中最基础的一项工作。就我个人在这方面的实战经验来说，那些靠花钱吸引用户的方法（地推、买流量、花钱找大 V）的确不适合我，本着小成本做大事的做事原则，下面我着重阐述下如何低投入地进行有效积累用户的方式方法。

第一，明确最适合你的社区、版块、产品的用户群，如此才能有的放矢。

面对用户分类比较多的情况，千万不要追求大而全，时刻牢记"二八"原则，重点抓好那20%的分类足矣。当然，有钱、有人、又有资源的情况，另当别论。

第二，确定这些用户群分布在哪些平台，由此确定你需要突破的重点平台是哪些。

第三，做好落地工作。

可以采用三个手段：糖衣炮弹、威逼利诱、软硬兼施。在具体实施时同样也要遵循"二八"原则。当然，前提是要把基础的工作先做好再说。

第四，用户资料汇总。

第五，日常的用户维护工作。

对此，同样可以采用：糖衣炮弹、威逼利诱、软硬兼施这三个手段。

说说周边产品的妙用

在社区运营里，有一种利器相对来说是可以最大程度省成本的，那就是周边产品。不但运营成本可以省下来，对于品牌传播也是一种四两拨千斤的推广方式。

为什么省成本？我给大家算个账就显而易见了。像猫扑的卡通形象叫小扑，以小扑这个形象扩展出来的玩偶、抱枕、T恤、小挂件等，经过多年的运营，非常受用户的青睐。2008年一只14厘米的普通小扑的成本大概是10元，做1000只，总共也不过1万元，按照猫扑当时的体量，我可以用一整年，做多个活动、支撑版主体系的基本运转，等等。当然现在10元肯定拿不下了，应该已经涨到40~50元了，那成本大概是5万元。就算种类再丰富一点儿，成本预计到10万元，平均到每个月也就是8000元，对于大多数社区来说，我相信1000个周边产品，已经很奢侈了。10万元一整年，和市场费用比，简直就是毛毛雨！

之前有一款30厘米左右的小扑玩偶，制作得非常漂亮。我记得2007年的成本价是38元，在淘宝上被炒到800多元，足以证明其受欢迎的程度。猫扑历史上制作的周边产品数量非常多，包子表情是猫扑的一大特色，253、233都成了网络用语，当年的狗头包子、粉包子等，用户特别喜欢。

周边产品是在用户体系搭建里面，尤其是在核心用户积累过程里效果最好的一个运营法宝。当然与之相关的，需要做很多工作，比如品牌名称、slogan、吉祥物的名称、吉祥物的形象设计、供应商的一系列工作、积分商城、用户奖惩制度，等等，单单围绕周边产品这一项工作，就有无数细碎的工作要做。我自己曾经管了好几年的仓库，自从我管了之后，从没有私吞过一个周边产品，出库入库更是经常的事情。当年猫扑很多周边产品的定价，我现在还能记得。

一、周边产品最大的用途有三项

第一，活动运营，周边产品做得出彩，可以对活动起到事半功倍的效果。用户在参与的过程中，容易建立对品牌强烈的认知。

第二，用户组织的管理和运营。一般是作为激励机制出现，可以极大增强用户的荣誉感，驱使用户努力去获取，而得不到的用户则会更加努力去获取。

第三，关于用户的盘点和总结。用于奖励个体用户，这是一种个人荣誉的象征。

二、周边产品在制作、存储和使用过程中的注意事项

第一，成本控制。

谈价格是一件非常吃力的事情，会涉及长宽高度、料子、颜色、制作数量、打样等等多环节。每一个环节都需要仔细跟对方沟通。

第二，设计师必须介入。

由于设计周边产品时需要的是三视图（观测者从上面、左面、正面三个不同角度观察同一个空间几何体而画出的图形），所以在跟制作方沟通的过程中，我方的设计师必须参与进去，很多细微的环节都不能忽视。

第三，需要随时记录和报备。

对每一笔周边产品的出库入库都需要有详细的记录和说明，发放记录也需要仔细记录下来，以备查询。不然的话一定会有很多糊涂账，甚至会有顺手牵羊的事情发生。

第四，每一个周边产品都要用在刀刃上。

周边产品的使用一样是个学问。我见过很多公司发起周边产品来大手大脚,一点都不考虑投出产出比。周边产品不能乱发,需要保持它的稀缺性。再说发东西哪有完啊,白给的东西谁不要。

关键我们要清楚,这些周边产品发出去之后会带来哪些效果,匹配什么样的用户,适合什么样的活动、场景发放。毕竟这都是成本,不是无限供给的,发出一个就少一个,得花得很值才行。

第五,周边产品的多样性。

周边的种类必须尽量丰富一点儿。用户有个典型的心理,叫作集邮心理(关于这个心理需求我会在下面的章节里详细叙述)。所以为了满足用户的这种需求、调动用户的胃口,必须让周边产品更加丰富多彩。可以自由搭配,成本可以相对控制。当然也可以做一些套装,比如12生肖的周边产品,为了能集齐12种,社区该有多热闹啊!(提示:不能做一百单八将的周边产品啊,那叫玩用户)

三、周边产品应该如何使用?如何保持它的稀缺性?

如果我手里有一些新周边产品,一般会在核心用户里发放,且是在核心用户团队进行发放,但不会所有人都有。同时会以活动的形式发放出去,同样要保持一定的数量。要让用户知道,东西来之不易,对平台做出了贡献的用户才最有资格优先获得这些

"奖励"。这样逐渐放量,这个周期可能会比较长。慢慢地,当这款周边产品在核心的用户手里都有的时候,东西便已经不再稀缺,这时候就不需要再这么小家子气了,甚至可以开放售卖。

如此周而往复。而在此之前,其实下一款周边产品早就已经做出来了。

要懂得满足用户的收集癖

收集癖就像集邮一样，用户会不遗余力地收集社区里面他认为有价值的虚拟物品或者现实物品，以便获得更多的满足感——数目越多，他越会感觉刺激好玩。

其实，我们很多人在现实生活里也有这个心理倾向，只是社区用户体现得更加明显一些。所以我在这里跟大家分享一下我对这个话题的看法。在分享的过程中，我会适当地加入一些在运营和产品工作中涉及的应用部分。

在社区里，用户最想要的一定是现实生活中得不到的东西。

这个其实很好理解。为什么社区是所有互联网产品形式里，最能帮助和促进用户落地的一种形式呢？实际上，用户玩社区本身就是在寻找存在感、认同感、归属感，很多时候往往就是现实生活满足不了他们的某种诉求，所以他们才来到了社区。

有很多人在虚拟世界和现实世界里完全是两种模样。之所以会出现这种情况，是因为人都想要在另一个世界证明自己的存在，证明自己有多重要。

相比现实世界，虚拟世界是更容易被掌控和掌握的，他们可以轻易在虚拟世界里实现人生的构想，创建完美的角色。这就是为什么很多人痴迷于游戏的一个重要的原因。

正因为用户有这种需求，所以我们要搞好社区建设。除了要在用户体验上下功夫，也要注重奖品设置。在社区，钱不是万能的。现在很多"90后"甚至"95后"已经非常有钱，而他们的消费理念也不同于"80后"，他们都是很舍得为自己花钱的。所以，在奖品设置上，如果你只是单纯地给钱，不一定能令他们满意。比如你做活动，几百元他们已经看不上了，再说给钱也过于俗套，人家会说你low。除非你的奖金非常丰厚，否则对用户并不具备诱惑性。奖励多少算丰厚？10万？20万？100万？关键是95%的公司不可能给你这个预算。所以你趁早还是做其他打算吧。

那么，面对这样的境况，我们该怎么办呢。答案是要保证奖品的丰富性。关于这一点，你只须研究一下活动运营做得最好的公司就能一目了然。

你会发现，某一类或者某几类奖品，当你依然反复在用的时候，它们对用户的诱惑力已经在逐渐消退。比如抱枕，当用户得到3个以上一模一样的之后，如果他能继续得到第四个，他一定会很慷慨地把第四个拿去送人。

为什么会是这样？答案就是，用户有收集癖。你送给用户的礼物，不管他们在现实生活中有着怎样的身份，处于哪个年龄阶段，他们一般是不会拒绝的。通过参与活动，用户虽然只是得到一个比较廉价的物品，但却是他们通过竞争和努力才得到的，因此在获取奖品的同时也会获得相应的成就感。正是这种充满荣誉的感觉，吸引他们日后继续参加这样的活动，因为他们很享受这种连续的快感。

就像一个孩子一样，用户也都喜新厌旧，渴望得到更多他们想要的东西。至于数量，答案永远是：越多越好。

当年，我们团队曾向公司提议，将周边礼品列为重点建设项，发展成为猫扑的一个收入项目，延伸到服装、包包、鞋子，说不定能解决猫扑流量变现的问题。可惜的是，大老板并没采用。于是，我们眼睁睁看着后来的淘公仔、小米将这方面发挥到了极致。

因为用户有着这样的收集癖，所以我们务必要重视社区的用户荣誉体系建设。要知道，它是社区的一个非常关键的环节。一个没有人情味的社区，注定无法长久。

尽管用户会无限制地收集各种勋章，可能不一定是做什么用，但收集本身就是他们最大的乐趣，所以这些东西你务必要帮他们保留，这是他们付出了心血的东西；他们会不断地提升用户等级，所以用户等级不能设置得太少；他们会不断地尝试你为他们设置的各种激励政策，而不会在乎还会有更多；他们会努力追求各种权限，会因为你一时的开放乐开怀，更会为你暂时的收回而赌气，甚至心生怨恨。所以你在放开权限时，一定要考虑清楚。一旦因为你的过失导致用户流失，可能就再也无法挽回；他们还会主动帮你传播你为他们塑造的人文关怀，比如颁奖状、组织聚会、在生日期间为他们送上小礼物等，别小看这种关怀，会让他们铭记和感恩一辈子。

……

由此可见，我们可以通过产品手段和运营手段刺激用户，让用户获得更多的满足感，其实，这就是在满足他们的收集癖，而他们收集的则是：存在感、荣誉感、别人和自我的认可感……

我在猫扑大杂烩的经典案例

2009年1月，我接手了猫扑的贴贴论坛。当时我认为大杂烩简直堪称巨无霸，而贴贴当时的发回帖数只有大杂烩1区的十分之一，整个大杂烩的二十分之一。也就是说：大杂烩原来只有1个版块，老mopper称其为外屋，猫扑还有两个相对封闭的圈子：一个是里屋，一个是wc。大杂烩最早是一款游戏bbs，发展起来以后内容也随之增多，变成了综合bbs。最早，猫扑的很多用户就活跃在里屋和wc这两个地方，可以说它是现在很多社群类产品的鼻祖。后来，随着大杂烩的规模越做越大，只剩下一个版块尚无法满足用户的阅读需求。为方便社区的垂直化趋势，又开设了一些分区，比如小白区、贴图区、人肉搜索、汽车烩等，我们把这些分区统称为2区。那时我主要运营1区和2区，总共大概七八个版块。1区是源头，流量最大。

两年后，也就是2011年年初，贴贴的发回帖涨了20倍，页面浏览量最多时涨了30倍，独立访客涨了十几倍——其实，贴贴在2010年底的数据就已经全面超过大杂烩了。

在这期间，我还运营了猫扑的大号微博（2010年50万纯粉丝，网络媒体类排名第一）、人人的2个page（运营一个，接管一个）、AA空间的鬼话空间（2010年4000万点击），并接管猫扑无线运营。再后来，我接管了猫扑整个社区部分的运营工作，并且拿到2010年猫扑唯一一个最有价值的奖项"千橡最佳忠诚奖"，获得奖金1000元。

讲了这么多，那么我那时是如何把贴贴数据做到超过猫扑大杂烩的呢？主要表现在以下几个方面：

一、学会了解和分析数据

拿到一个项目，首先要到数据后台权限——这是我至今为止都保持的一个工作习惯。数据意识真的是强迫出来的，没有别的办法。对此，周报我从来不直接截图，核心数据全部用excel手算，这个习惯一直坚持到现在已经有8年之久。我到现在还保留着2008年12月到2014年7月（我离开猫扑的时间）这段时间的各种数据底稿。我喜欢分析数据的原因主要有以下几点：

第一，分析数据背后涨跌的原因。

这样做有时连服务器某个线程出错导致的涨跌都能找出来。

第二，了解竞争对手和行业基本数据标准。

第三，设置一个自己潜在的竞争对手。

在这里，我想说：你最开始的起点应该是把最近在手边的产品当作竞争对手，而不是像某些战略家一样，自己尚且青涩就把行业龙头当对手。追根究底，其实人家根本就不会拿你当回事。

第四，发现哪些数据不全，想办法去补。

最初工作时，因为职位太低，很多数据我都是偷偷要来的。不过这也没什么，因为数据都是需要一点点补充、慢慢变全、变实用的，所有人都要经历这么一个阶段。积累到2011年，我运营的那套数据后台已经做得相当优秀，甚至一度冲到了历史最高点，这其中不必说你自然也能明白——是我对数据的分析和整理发挥了重要的作用。

二、运营经理要参与到具体的工作中

很多互联网从业者一升到经理级别就"不干活了"。其实就算你处于经理级别，运营的基础仍然不够牢固。如果这个时候你选择把自己架空，远离一线业务，对你长期的发展是非常不利的。

我刚接手贴贴的时候，我的团队当时只有4个人，1个编辑加

3个运营，人手不足的时候我就自己顶上去，因为工作任务确实一直都非常艰巨。所以，直到现在提起她们，仍然非常感激。当时团队里有两个女孩子，都非常不容易。一个原本计划要回家，却因为这份工作和我往后推迟了两年；另一个则将出国的计划往后推迟了一年。虽然当时我们还并没有做出什么惊天动地的事业，也不知道何时才能做出出色的成绩，但因为有她们在，我感觉我们的团队真的是异常团结。

除了员工的配合，更有领导的提点。当时我的一个领导（特别感谢他，当有人提点你时，心里一定得有根弦）认为我目光太过短浅，后来，我认真思考他的意见，才得以及早修正工作上的一些思路，拓展了自己的知识面。

当时，我的工作与每个团队队员并无差别——负责版块。我们每周、每月都会把数据结果拿来一起排名、对比。这样，谁做得比较出色就一目了然。用这个办法可以更加直观清晰地认识到每个人的成绩，推断出她平时有多努力，甚至有没有努力，而不是凭个人印象决定员工的"生死"。

三、贴贴数据增长的几个时间节点

第一个时间节点：利用二八原则抓重点版。

在前面的章节里，我就说过二八原则是运营工作中的一个黄金法则。确定了论坛的定位之后，就需要把重点运营的20%的版块择出来，分配到每个人身上。等每个人能力提升后，可以适当地扩展其负责的版块数（有上限的，到上限的时候就需要增加员工人数了）。

重点运营的20%的版块还可以再根据二八原则进行细分，哪些是核心版块、核心版块用哪些核心策略、原创类的版块如何做、流量版块如何做、图片版块如何做、文字版块如何做，等等，都要考虑得很清楚。

第二个时间节点：抓版主管理。

当时，这个任务我是交给了一个名叫米菲琳的女孩，她是我职业生涯的第一个下属。前期工作并不顺利，为了做好这项工作她急得直哭。为了帮她更好地适应，我和她一起去找杂烩的同事要来他们的版主管理细则，并在他们的基础上学习和改进。后来，经过一段时间的努力，我们把版主的数量和质量同时提高了几个档次。

第三个时间节点：抓联盟管理。

联盟是什么？它是一个用户管理工具，类似于圈子、游戏里的公会。贴贴联盟开始运营于2008年，仅用一年的时间就已经基本成型。2009年下半年开始重点加强运营，到2010年年底，联盟达到巅峰，当时贴贴60%~70%的数据都来自于此。

当然，运营贴贴联盟也并非全部都是优点，现在想起来有些遗憾的是：我当时制定的很多核心逻辑的确有些极端——那些逻辑会导致用户过度疲劳，进而导致社区崛起快、衰败更快。这的确算是个不小的教训。

第四个时间节点：抓无线运营。

当时无线还只是WAP，APP这种产品形式尚未开发。那个时候猫扑的WAP站流量非常高。

按常理来说，这个版块和我的KPI毫不相干，我可以完全不必涉猎。但我去接触并且学习了，因为我的工作思维是——只要能让数据增长，什么都要接触。因此，我花费很多心血和时间来研究它，包括每一块的规则、逻辑，以及如何突破和利用这些规则。最终，在我的努力下，贴贴来自无线的发帖、回帖数一路飙升，直至终于反超大杂烩。

最后，因为我对无线这个版块最为了解，所以后来公司干脆让我全权接管了无线的运营。可见，很多事真的看你自己，你肯给自己机会，别人就一定会给你机会。

四、坚持最精华的运营方式，拓展新思路

我入职猫扑时正是它的巅峰时期，所以顺利地继承了其很多以往不错的运营模式、运营理念。基于这点，我在招人时会非常注重面试者的自觉性——一个对社区文化不理解的人，你说再多也没用。倘若真在乎一件事，即便没有领导的强烈要求，你也一定会主动去做。

比如，猫扑最具撒手锏的热点运营。也许大家现在了解的猫扑最出名的人物、事件、段子为数不多，仅仅只有那么几个，但请别忘记那是我们数千个日日夜夜辛苦努力的结果，虽然成功与否不好界定，可能连10%的成功率都没有。听起来似乎有些辛酸，但运营就是这样，很多工作必须不断做、坚持做，直到练成条件反射。现在，任何一个帖子我只要迅速浏览一下就能明白是什么内容，过程通常不会超过1分钟。如果有个帖子能吸引我看上5分钟，那一定是极好的帖子。

这种超乎想象的记忆力和判断力，我在一个网名为Magic Moon的女下属身上也曾领略过，甚至感觉她的能力比我更强。比如，一些帖子我连标题都忘记了，每次只要说个大概，她5分钟之内就能帮我找到原帖。她之前负责审核工作，最多的时候一天能审1万多个发回帖，想想真是太不可思议。

拓展新思路的前提是把旧的知识全部夯实，汲取精华。什么是拓展？即把每一个细节都做得更加极致。而不是你到处铺摊子——不懂运营的人可能会这么做，但懂运营的人一定会循序渐进、排列组合。

五、关于产品改进和优化

贴贴在2009—2010的几次改版都很成功，随着运营的良好持续，数据每次都会得到大幅度提升。

改版也不是彻头彻尾地改，而是必须基于现状，因为用户习惯已经养成，改头换面的代价会非常大。很多公司的老板、管理层经常心血来潮，一拍脑袋，下面几十号人几个月的时间就浪费在这里了。要知道这样大刀阔斧地改革，根本就没给用户适应产品的时间。他们看到新产品的第一眼一定不是惊奇加兴奋，而是手足无措，不知怎么办。很多公司都是失败于此。所以在改版之前，你必须先和业务线上的人达成共识，否则这一切就是个地雷。

还有一点就是新版本上线并不代表万事大吉，需要持续不断地进行优化。

现在回想一下，我当年真是求着很多人才把这些事情搞定的。只是如果再重来，我依然会选择这么做。很多事情只要有个结果就行，哪怕付出再多都是值得的。

产品和运营是互相弥补的，产品弱、运营强也行；产品强，运营就可以适当地放在配合的地位上，像BAT的运营工作其实就是后者，即产品运营，而非强运营模式。

当然这个理论只有一种情况除外——如果产品和运营有任何一方太弱，那产品和运营就遵循木桶原理了。

5

新媒体运营的那些事儿

千万不要为了追求数字而急功近利、不择手段，导致最终偏离定位。这样到最后，你也只是积累了一群跟自己定位毫不相干的用户。这样的用户，哪怕再多也没任何的意义。要记住，不是所有用户都有价值，只有目标用户才最有价值。

何为新媒体运营

　　我是在2009年开始接触新媒体的，到目前为止已经做了6年多，可能比很多人时间都稍微长一些。那时，我的很多办法都属于"土办法""野路子"，跟大家听到的所谓新媒体运营大师、营销大师的思路不太一样。他们的思路偏营销、市场，我偏运营，跟他们的用户视角有所不同。下面说一下我对新媒体运营的几点看法。

　　第一，招对运营人。

　　做新媒体，大家会发现，一个公众号或微博换不同的人做，效果差距可能会特别大。大家会有意识或无意识地将个人气质、喜好展现在账号上。这告诉我们什么呢？答案是，平时一定要释放个性，体现出跟同类型账号不同的鲜明个性，这样别人才会关注你。比如搞笑类平台，冷兔为什么能火起来？因为这个平台确实有自己的独到之处。

我们要适当地把自己的个性发掘出来，去找能用心体会，懂得和账号融为一体的人，去找通过文章与用户交流，体现特殊性格的人。因此，招人一般比较困难。比如做搞笑类或美食类内容，如果招到那些木讷、呆板的人就不太合适。因此，不仅要把自己的个性体现出来，还要跟自己的兴趣爱好结合起来。

第二，花钱，但不是堆钱。

做新媒体肯定要花钱，但不是靠钱堆起来的，关键看怎么靠小成本出大效果。不是说你做一个微博账号或微信账号，用好几个人，就一定能做好。

到目前为止，我们公司做新媒体的人手不是特别多，但是账号很多，大概三十个以上，光贴吧就10个。我负责的部门有6个人，运作的新媒体粉丝数大概900万。我不是向堆人头的角度发展，而是更倾向于每个人所贡献的价值。我给部门成员传输的是对细节、内容、用户运营的具体方法。

第三，质量比数量重要。

我觉得粉丝质量比数量更加重要，当然数量是基础。如果说做一个微信公众号，你有10万粉丝，我有1000万粉丝，你做得过我的机会不大。但是，并不是粉丝越多就代表公众号运营得越好。为什么粉丝数量过千万的账号挺多，比如招商银行，但是互动比较强的不是它们这些号？反倒是冷兔等一些账号活跃度高。这真不是靠粉丝数量撑起来的，要看可读性和用户是否活跃。

我们做一个账号，并不是完全冲粉丝数，从某种程度上说，有时候不能转换成有价值的粉丝，是不太需要积累的。做一个汽车号、美食号，受众可能没那么多，但如果粉丝能经营好，实际上效果也会比较好。不是数量越多越好，质量才是比较重要的。

第四，宣传阵地，非用户。

新媒体只是品牌的宣传阵地。什么是你的用户？自有平台才是你的用户，这是可控的。自己做APP、社区、网站，可以对用户数据、资料、用户行为做分析。而凡是你拿不到用户资料的，比如微博、微信，那是它们的用户，不是你的用户。这时，你需要通过在上面宣传，让你的用户逐渐了解你，慢慢地认可你。

第五，玩法比你想得多。

新媒体的打法比大家想象得丰富，而不是如好多人做的，每天发发文章和图片，做做用户反馈和服务。运营微信公众号可以做的事情特别多，运营微博也不是每天发个消息那么简单。微博上有很多功能，比如活动、投票、群功能等很多可玩的东西。关键看大家是否专注，比如话题排行榜，不知道你是否关注过。

第六，用户转化难度大。

新媒体运营也好，传统社区运营和用户运营也好，用户黏度是基础。用户运营中，用户永远最有价值。新媒体用户怎么转化到自有平台，比如APP、社区，这确实是个难点。转化率没有大家想得那么高，粉丝数1000万，可能转到社区的比例，连1%都不到。

以上内容是我对新媒体运营的一些基本理解，接下来我跟大家介绍一下新媒体运营有哪些基本的特性。

第一，个性。

新媒体是展现公众号、运营人员个性的地方。因此，一定要把个性、内心的东西释放出来，从而引起用户共鸣，引起参与感。

第二，做口碑。

不是什么内容都可以做。比如"优衣库事件"，比如低俗、色情、暴力，特别是偏政治的，很多时候做了，对品牌是有损伤的。不是所有热点都一定要跟，要考虑品牌的正向性，一定要做一些正面、正能量的内容。

第三，传播性。

做新媒体，传播性比较关键。做任何东西都要考虑用户为什么会帮你传播，不是简单地Push（推送）给用户，否则就是强加的方式——不管用户喜不喜欢，都要发出来。很多时候，只是运营者自己本身认为好，其实很多用户根本不会看。

第四，平台选择。

在做新媒体运营的时候，不是所有的新媒体平台都要选择，而要看哪个平台最适合你。比如QQ空间，某种程度上跟去年就不太一样，今年商业化趋势比较明显。我原来在酷我"K歌"做的项目，空间和贴吧都做不起来，我就主动放弃了。后来，我们开始围绕微博和微信做。所以，有时候该放弃就要放弃。

我自己的公号，没在微博和微信的今日头条做，为什么呢？因为我发现，微信能积累高质量粉丝，而今日头条跟搜索有关。我更关注的是我的受众在什么地方，在费用最少的情况下，什么平台能起到不错的效果。

第五，灵活性。

不只是做新媒体，做用户运营、社区、活动或者运营的任何一个分支也好，都要注意灵活性。大家不要过于遵守教条，不是按1、2、3、4的步骤来做就一定对。有可能时代变了，某种思维方式一年之后就不一定奏效了。很多东西都是在不断试错和摸索的过程中总结出来的，不是按步骤执行就能达到有效的目标。

新媒体平台运营的方法和技巧

现在，最主要的新媒体平台有四个：微博、微信、贴吧、空间，这也是很多公司都在做的四个主要平台。

在这四个平台中，微博是传统新媒体巅峰期的代表作；微信是目前分享量最大的平台，每天占据70%~80%的分享量；QQ空间、贴吧则是年轻用户比较活跃的载体。除了这四大平台之外，还有一些其他平台，比如今日头条、百度百家，知乎、虎嗅、36氪、兴趣部落、京东粉丝圈、天猫粉丝圈、支付宝服务窗等。下面我主要和大家分享一下微博、微信、QQ空间、贴吧这四大新媒体平台运营的方法和技巧。

一、微博

大家可以尝试做微博活动。跟原来不一样，现在收费了，但是效果还是不错的。比如原来我做的微博活动，互动量可以达到几万，比较靠谱，而且可以增加粉丝；微博上比较热门的东西，看看能不能融合到自己的账号上；平时找一些比较不错的大号互转，不一定粉丝很多，但一定要判断大号的真实性。有些可能看上去粉丝很多，但是效果没有大家想象得好。

二、微信

微信更强调内容质量。微信不是很多内容的简单复制，比较强调原创。我的账号粉丝不多——不到三万，但是转发率比较高。我的账号如果要强调粉丝数，可以制造八卦，毕竟我原来从猫扑出来，我知道的八卦比一般人多很多。但是我不是简单地为增加粉丝而增加粉丝，我主要考虑的是传播性。你的内容是否具备传播性？人家为什么要分享？这个问题一定要考虑。做活动，用户怎么留存？可以做简单的有奖活动，但更多的是发挥创意，让用户感觉到活动还是挺有意思的，纯粹为了发奖品而做的活动没有太大意义。

三、贴吧

第一，需要接触贴吧的主办方，从某种程度上讲就是要花钱，花钱后有很多功能都会开放，涨粉丝会更快。但是纯粹运营，比较难一些。贴吧的吧主管理是贴吧运营工作中比较大的一部分，跟社区版主一样，能发挥比较大的作用。因此，做贴吧最起码要有比较靠谱的吧主帮你做活动、收集任务，做一些比较有意义的事情。

四、QQ空间

QQ空间需要依赖官方，我原来在猫扑做过空间，内容都是自己一条条做出来的。最早做到三四千万点击量，走的时候2亿点击量，但是这更多需要主办方配合。

日志发布需要保持比较好的频次，不用一天发很多，一天最多6条，正常一天三四条就行。QQ里的"说说"跟微博差不多，以前我们很多运营人员发微博、"说说"时，连140个字都凑不齐，这是有问题的——用户读完都不知道怎么一回事。不要给人这种感觉，一定要讲清楚，不要讲得很拗口。要让用户觉得有意思，这样用户才愿意跟你互动。

除此之外，我还想和大家分享一些在运营这些新媒体时采用的小技巧。

第一，打造个性标签。

比较不错的账号，可以用关键词概括。比如冷兔，发一些冷段子、冷笑话、好玩的图片，看完以后让人特别开心。反之，当有人问，你做的账号有哪几个标签可以概括？如果你的账号没有特殊性，甚至连你自己都不知道做什么内容——特别杂，东做西做，基本上是很难做好的。

第二，准确定位。

一定不要选跟账号气质不搭配的人。比如做美食类的账号，就要找美食达人、吃货。这样发出的内容才能体现吃货精神。

第三，提升转发数（大V，热点）。

最基本的方法是找大V互转，平时多积累人脉人品，慢慢都能用得上。平时跟热点结合，结合后转发量可能会比较大，所以有时候该跟必须跟。

第四，跟热点的注意事项（合法、品牌）。

跟网络热点结合的时候一定要合法，要注意品牌格调，不要转发负面内容。

第五，熟悉平台功能。

微信、微博、贴吧、空间这四个平台的基本功能我在这里就不介绍了。在这里，我想告诉大家的是，尽可能地去尝试和发现它们的新功能。

第六，坚持不懈，有原则。

很多做新媒体账号的，都是72小时在滚动，晚上的时间也尽量不错过。2010年，我当时做猫扑，50万粉丝在网络媒体领域排第一。那时我的工作不止这些，微博只是平时兴趣，但觉得挺有用的，所以基本上从上午9点发到次日子夜1点都没有停过。而且，那个时候没有时光机，每一条都是逐条发的。

那原则又是什么意思呢？就是我刚才说的，不要为了增加粉丝而增加粉丝，为了一些东西不择手段。比如我们在做垂直账号的时候，哪怕只有几万粉丝，只要做到位了，挖掘出了价值，其实也能起到变现作用。

第七，跨界合作。

尝试跟自己相关的或者别的平台互动，也可以跟手上的资源做互动合作。我的新媒体覆盖了比较多的粉丝数，平台差不多30多个，粉丝1000万左右，别人经常找我做互动合作。

新媒体运营的最高境界：人神合一

做新媒体运营，最重要的是能够达到"人神合一"。那么，什么样的状态才算是"人神合一"呢，下面我针对这个问题系统地分析一下。

所谓"人神合一"指的是运营人员将自己的气质、思维方式、理念灵活运用到公众号、微博等账号运营的具体工作细节里，在内容建设、用户维护和传播方式上都体现出独特的风格，最终达到人和账号合一的程度。

想要达到如此境界，我希望新媒体工作者和公司的管理者能够在以下几个环节把好关，这样才能做得更到位。

首先，把控好招聘环节。

第一，运营人员的气质。

我在前面多次提到运营人员的气质，这是骨子里面的东西，与性格有关。一个人思考问题的方式可以被改变，但想改变一个人的性格，比登天还难。

所以在招聘环节就必须把好关，不符合产品气质的候选者就不要抱有任何侥幸了。如果你想用自己的经验去引导他，用情怀去感化他，我劝你还是不要冒这个险。我试过，最后的结局是功败垂成，不但我一己之力无法改变这种局面，甚至整个运营大环境都无法改变对方。可能你会不甘，但事实就是这样。

第二，运营人员的可塑性。

招聘环节其实就是招可塑性高的人。运营要接地气，肯吃苦，心态好。毕竟很多工作都是简单、枯燥、重复的，眼高手低肯定不行。经验只是一方面，不代表全部，工作5年的不一定就比工作2年的做得好。至于学历，北大、清华的学生，就连博士生、留学生我都面试过，很多都是华而不实。

第三，运营人员的稳定性。

一个账号的运营人员更换了，用户一定能看出来。如果换的人不靠谱，这个账号很可能从此就"气绝"了，变得很一般了。所以一定要加强运营团队的稳定性。

其次，不能偏离定位，为增加粉丝数不择手段。

做新媒体运营之前，肯定要确立这个账号的定位是什么。只有围绕这个定位，才能去制定各种运营策略，才能吸引到更精准的粉丝。我为什么选择从公众号开始入手，也是基于这个原因，对我来说，粉丝的数量没有那么重要，因为我不靠这个账号赚钱，所以我宁愿积累更加精准的用户群。

千万不要为了追求数字而急功近利、不择手段，最终导致偏离定位。这样到最后，你也只是积累了一群跟自己定位毫不相干的用户。这样的用户，哪怕再多也没任何意义。要记住，不是所有用户都有价值，只有目标用户才最有价值。

对于公司的管理层，也不要设置不合理的绩效，这样会导致运营人员为了完成绩效而滥竽充数。

我做新媒体运营以来，从未刷过一次粉丝，一个重要的原因就是基于这点，当然另一个原因就是没钱刷。

再次，新媒体运营工作的监督和管理一定要正式化、严格化。

俗话说得好，"上梁不正下梁歪"，要想下梁不歪，你得首先保证上梁正。

现在新媒体运营从业者的总体数量其实挺多，但真正能深谙技巧，熟悉所有细节的寥寥无几，尤其是负责公司管理的总监。很多公司都是先意识到这方面的重要性，才专门设置了这个部门。

还有很多更是疏于管理，放任运营人员自由发挥，导致一个部门很多新手，几乎没一个能站出来挑大梁的。大家彼此都在摸黑，摸黑的结果就是无法将工作发挥出最大的作用。

很多公司对新媒体方面的工作都有一定的资金和预算。预算如何分配，如何将每一分钱花在刀刃上，并不是谁都懂，谁都可以做到位的，再加上这里面还有监守自盗的各种可能性，所以，一定要加强对新媒体运营的监督和管理。目标设定、监督、执行、考核、奖惩等，都必须有个标准和规范。

最后，新媒体工作的内容和用户运营一定要认真对待。

内容运营是运营人员的日常工作，其核心点其实在于对文字、图片、视频等形式的灵活运用——除了悟性，想要做好这部分工作，更多的还是靠平时的努力积累，耍小聪明一点儿用都没有，别认为自己什么都会。对内容的甄别能力和对细节的把握能力，短时间是无法练成的。如果平时连起个标题都不假思索，不经揣摩，那更别说大段的文字内容了。所以，你只能练，别无他法。

揭秘网红背后的真相

网络红人发展至今，有十多年的历史了，从最早的天仙MM、芙蓉姐姐、二月丫头、木子美等，到网络小胖、程琳、ayawawa、小龙女彤彤、孔燕松、犀利哥、兽兽、凤姐等，再到奶茶MM、papi酱等，网络红人可谓层出不穷。虽然这些网络红人已经是过去式了，但不可否认，他们都曾在网络上掀起过惊涛骇浪。当然，很多网红现在已经成功转型——芙蓉姐姐已经转型为励志姐，天仙MM已经转型为演员，叫兽易小星已经转型为知名导演。

作为一个互联网老人，在中国网络流行文化发源地、舆论阵地猫扑网工作7年的前员工，我大都见证过这些网络红人的走红历程。很多网络红人其实我都认识，或者至少认识他们的经纪人，比如芙蓉姐姐、叫兽易小星、小龙女彤彤、孔燕松、修罗古蝶丁晗、知知、兽兽、凤姐、李颖芝、奶茶妹妹等。

在此，我并非要介绍这十年里到底有哪些网络红人以及他们是怎么红的，而是想跟大家总结和剖析一下这些网络红人背后炒作的秘密和规律。

一、网络红人炒作的基本特点

第一，利用时下最新鲜的网络平台。

早期主要是论坛，2010年以后主要是微博，再后来互联网分流越来越严重——个人自媒体的建立。其实，2010年是个分水岭，两家顶级论坛猫扑和天涯最后捧红的超级网络红人分别是奶茶MM和小月月，之后风头就被微博盖过了。

第二，持续不断地一轮轮轰炸、造势、曝光。

如果只是一个点，很难产生爆炸性的反应。越是高人气的网络红人，被关注的点越不止一个。比如奶茶妹妹，从2009年的一张手捧奶茶的照片在猫扑被"笔袋男"和"哥散尽全部家当求此女"曝光，到后来的上清华、绯闻男友，再到后来的"奶东恋"、微软"小冰"实习、大学毕业、澳大利亚结婚、怀孕，这中间有很多很多插曲。我记得当年只要是她的热点，就必上头条，我们"喜欢她"就喜欢到了这种程度。

奶茶MM的话题强到什么程度？她的内容，可以同时上娱乐频道、科技频道、数码频道、音乐频道、体育频道、社会频道、图片频道、校园频道、时尚频道、女性频道、情感频道、亲子频道等众多频道的头条，就是这么霸气！她的火，完全可以用摧枯拉朽一词来形容。

第三，能红得最长久的，一定可以贴上标签。

这一点跟做新媒体账号一样，没个性的人是永远红不起来的。所谓"人神合一"，就是说网络红人做的事和他的个性是紧紧捆在一起的。

说到标签，被用烂的标签还不行，当年"网游第一美女"一大堆，其实这个概念太宽泛，因为不可能有人全占住。当很多美女都自称为"网游第一美女"的时候，这个词就废了。

当兽兽占住了"国内首席车模"，李宇春占住了"春哥"的时候，这个标签就永远是他们的了。

当然，标签并不是严格意义上的文字称谓。而是一提到某个人，你就能用几个词来概括他，或者脑子里面立刻形成一个画面。比如我们提到天仙MM，就会想到那身行头，说实话，换下那身衣服，我还真认不出是她；奶茶MM再怎么变，在我的脑海里永远是那个拿着奶茶的清纯女孩。

第四，最后都会被揭秘，除非他自己不想火。

但凡火了的网络红人，总会有人跳出来揭秘。他的七大姑、八大姨、同学同事……都有可能"蹦出来"。在网络里，这叫"水至清则无鱼"，越浑越好。

当然，真正盖棺定论，最终立功的永远是平媒的那些记者们。一旦被他们盯上，真相就立刻浮出水面了。

二、网红炒作的一般性流程

一般正常的、有目的性的网络事件炒作，必是经过严格而缜密的策划的。大概的流程如下：

第一，发现热点。

其实就跟拍戏一样，前期需要量体裁衣选剧本，选角色。papi酱之前就经历了多次尝试，目的无非是找最适合自己的造型和剧本。

第二，策划。

策划的过程是比较难的，需要选定平台，把整个炒作的场景想象得非常周密。因为基本上执行起来，100%是会出现偏差的，而策划就是尽可能地减少误差。

第三，执行。

执行过程主要是不断地调整方向，尤其是引导舆论的方向，往对自己有利的方向去发展。凡是一个事件到了网络上，很多情况是很难得到控制的。如果出现突发情况，前期的所有策划都需要重新调整，甚至有时候只能用反向炒作法、双簧炒作法这些方法来"转正"。

第四，轰炸、跟踪。

一个事件需要不断地挖掘新的炒作点，因为一个点很难火，一轮轰炸也不一定会火。如果出现了火的苗头，就需要想方设法让这个苗头变大。

如果真的火了，就需要通过这个点找到更多的话题，继续炒作，关键是方向不能走偏了。

第五，揭秘、曝光。

这个前面已经说过，在这里就不讲了。

三、网红炒作的一些禁忌和注意事项

第一，关于创意。

对于创意，用户的品位和口味永远是越来越高的。一个经典的创意用过之后，策划人下一次就要有更加新的点子。因为第一个人想到了一个很独特的创意，第二个人再用，效果就会大打折扣了，这就是现实。

当然，有时候与其把过多的精力放在创意上，不如多花点儿时间放在整个流程的各个细节上。研究下哪些地方还可以做得更出彩。

第二，了解政策，勿碰红线。

有些底线是不能碰的，比如最近直播平台发生的一些事情。低俗炒作，必然会被拖进悬崖里。

这样即使红了，这个网红产生的品牌效应也是负能量的。负能量意味着产生的价值是极其有限的，寿命也必然是有限的。

第三，适可而止，永远给自己留一条后路。

有些网络红人为了红，直接把自己给封死了；或者因为个人的人品、道德而得罪了同行和朋友；或者红了之后，觉得自己光芒万丈，不可一世。要谨记，网络世界永远都是虚的，媒体把你捧得越高，当你摔下来的时候，也会越惨！

第四，水军不同于网络推手。

我一直觉得水军是个贬义词。因为水军的目的实在太强了，除了钱还是钱，所以他们要做出经典的案例，难上加难。

如果你为了钱才创业，那你失败的概率会很大，因为初衷已经走形了。网红炒作亦是如此，一开始就奔着发财的梦去的，往往是发不了财的。

大家仔细观察下这十年最火的一些网红就会发现，很多网红其实并不能产生很大的金钱效应，至少在他们火的时候，是不会产生太大的金钱效应的。

网络推手，当年我们认为还是一个挺高雅的词。至少我认为，只有能做出经典案例，在互联网上产生广泛的口碑和影响的策划人，才能称得上是网络推手。但现在这个词，好像也有被玩烂的趋势！

总之，网红不是你想红就能红，网红的炒作也不是你想做就能做的。抛开这个，我觉得更重要的是过程，是我们做到了什么。

6

最有效的低成本推广

不管你做什么事情，很多事件在前期是需要策划的。即不管是推广产品还是推广公司、推广个人形象，把这些要推广的东西利用社会化的平台快速传播出去。

关于APP的推广

第一，应用商店推广。

如何在应用商店里去推广你的APP？大概有两点：一个是ASO，一个是资源互换。其实大家平时做应用商店这份工作，无非就是首发、专题、活动等这几个常用的方式。

首发就是那些大家都知道的大平台：91手机助手、应用宝、360商场……另外，还有小米、华为的应用商店也都是很大的应用商店。这几个平台的市场覆盖率可能达80%~90%，别的平台的推广力度就比较小了。还有豌豆荚，虽然现在也有一定的量，但是可能不如以前的量大了。

首发一般是从这几个大平台中选一家进行合作。我的经验是，首发时，尽量选择资源丰富的平台，另外我觉得大家可以尝试一下活动和专题。对于活动来说，每家的门槛不一样，有些贵，有些相对便宜。比如，360商场是5000元就可以参与，但是百度似乎要10000元，具体情况你可以去问一下各个市场的负责人。

下面来说一些关于ASO的事情。其实影响ASO的因素主要有9个，分别是应用名称、应用关键字、应用描述、应用icon、应用截图视频、应用评价、应用安装量、活跃用户量、活跃用户比例、社会化分享数据。

只要大家认真研究上面说的这9点，每一块就都能做得特别标准。

应用名称：App store后面是可以加后缀的。比如唱吧，后面带有"最好的手机KTV"的关键字。因为用户有一些常规搜索词汇，如果你研究过SEO就会发现，影响SEO最核心的因素是标题，所以大家都知道SEO是怎么回事，但具体不会操作。你要注意的是，带关键字的句子一定要表达通顺、句意清晰，不能牵强附会，不然审核时容易被毙掉。

关键字和标签：注意查看竞品使用的关键字是什么，还有就是后台里面用户最常用的关键字，然后设置好就可以了。

应用描述：你提交APP的时候，可以在描述上紧贴关键词，但是要通顺，而且用户描述一定要吸引人，把亮点和卖点凸显出来。这个更多考验的是文字能力和概括能力。

应用icon：一定要选一个让人一目了然，很容易被记住的图标。App Store里面大多使用英文字母Q/S/A/B这类，颜色上比较朴素。设计一个让人一眼就能记住、简洁大方的图标是比较考验设计人员能力的。

应用截图和视频：这个方法很简单，大家去看一下推荐应用和平时比较好的应用，然后照搬就可以了。其实我很反感直接拿着应用界面截图就上传，因为用户会觉得你这个界面特别差，感觉不太好。所以你应该做得一目了然，漂亮一些。最好的方式是给大家看核心页面，凸显出自己的独特风格和创新设计。

用户评价：这一部分可能每个公司都会做，会专门做一些让用户打好评的活动，一般是在有一定基础后开展，比如每天的活跃用户有10万~20万人次，你就可以考虑做一些打好评的活动。大家可以看一下市面上口碑不错的应用，他们的好评界面做得都比较好，比如美拍，它设置了能够判断用户行为的功能，只有核心用户，才能享受到广告界面弹出的优惠。毕竟，任何一款产品都不是为低级别用户服务的，最终目的肯定是打得星级越高越好。

应用安装量：下载量多少决定了你用户群的大小。为了增强产品下载量，很多公司都会去刷榜。虽然这个行为不太好，但目前来说也确实是不可控的。

　　活跃用户量：也可称为活跃用户比例。用户留存度还是需要一些运营手段来进行提高的。提高留存比较好的方式是重点考虑用户这方面，比如做一些核心用户，做一些社区。但你要知道：让用户和社区建立关系的前提是，让用户和用户建立关系。

　　社会化分享：这个概念并不深奥，比如你要产生UGC，基本上都会分享到微信、朋友圈、微博、QQ这几个平台——这基本是标配的移动端五大入口，大家都会去做，尤其是微信这一块，是重中之重。分享资料的完成度在一定程度上也决定着社会化分享的完成度。

　　以上我讲到的9点，只是为大家提供一个研究ASO的方向和技巧，遇到具体的问题，可能你要考虑不同的应用市场所具备的不同属性。最初接触和学习时，我做论坛都是潜入到各个论坛的后台版本，学习标签设置、用户描述……比如市场规定描述是100个字，那就写100个字；市场规定写20个字，那么就写20个字。可能听起来很简单，但其实这项工作是个细致活儿，你必须花时间和精力认真领悟。

　　应用商店的另一个方面是资源互换。当你的APP达到一定的量级，就可以和别的资源互换流量，比如你有50万、100万用户，你就可以在APP里做一个流量互换的入口。资源互换还有一种方式，比如你有PC或者线下活动的资源，也可以互换。就像分糖，你有糖，我也有糖，然后我和你互换，实际上我们获得的东西是更多的。

第二，社会化营销（热点、品牌口碑传播）。

这个概念比较虚，因为社会化营销这个概念特别大。而且我不太擅长营销，我讲的东西可能是比较偏内容的。

跟热点这块，大家都懂，因为现在互联网经常会出现一些热点。但是做热点也是有雷区的，比如低俗、暴力、政治这些都不能碰。想要学习如何更有效地制造热点，可以看看杜蕾斯的相关微博，做得很不错。

热点可以跟，但不是每一个都要跟。比如一些重特大事故，波及范围比较广，那么你利用这个事情做营销就不太好。因此，你必须有选择地跟热点。那么，如果想跟，应该怎么做？这就要靠大家的创意了。过去猫扑普遍采取的做法是，选择另外一种不同于寻常的切入角度，依靠互联网的传播，通过炒作获得知名度，因为跟出的热点比较符合网友的口味，所以效果都还不错。这点就不细说了。

另外就是口碑传播，无非就是你知道一些比较有创意、比较独特的事件，然后再结合一些热点或者一些社交平台，比如微信、微博进行快速传播，继而产生一定的影响力。比如一些厂家做的网络美女和明星炒作的话题，最终达到了提升品牌知名度的效果。

第三，互联网开放平台。

微博、人人甚至微信，都曾做过开放平台。

第四，某些预装。

预装的激活成本可能会高一些，能达到每台八九元甚至十元，所以最好还是拿现有的资源进行兑换。公司给的预算成本高另说，高预算也可以带来较高的性价比。当然，如果能找一些质量比较高的预装入口，它能提供给你的用户质量也是蛮高的。如果大家有钱的话，也可以做预装。

第五，论坛、贴吧推广。

针对这方面推广，你可以在论坛里写一些软文。我在猫扑时基本上一眼就能辨别出帖子是广告还是软文，是不是包含软文的元素，这些都跟过去的积累有一定的关系。另外，贴吧也是比较好的一个选择。如果一个企业想要推广APP，可以花钱去做一些付费推广。当然这些推广的报价并不便宜，但是就目前互联网的形势来说，通过贴吧或论坛做一些营销还是很可行的。

第六，新闻投稿。

其实投稿途径挺多的，比如虎嗅、36氪，还有i黑马和今日头条等，这些平台都可以利用。我有不少文章投在了虎嗅和36氪的平台，效果还不错。如果你对公司或个人的APP很有信心的话，完全可以考虑这种方式。比如在36氪和虎嗅甚至新浪科技的IT平台投放一些新闻稿，对提升APP下载量是非常有帮助的。

关于PC的推广

前面我简单介绍了APP的推广，本节内容我将重点讲述关于PC产品的推广方式，相比于前者，PC产品的推广方式比较多，因为PC网站的时间已经很久了，发展到现在将近有20年了。

关于PC推广这部分，我大概谈三点：

第一，资源互换。

比较简单的一种方式是推荐位或广告位的互换。这种方式的互换原则大概是这样的：两个网站互换，首先要看对方提供的页面流量是不是足够大，最好还是拿出数据来看。比如看Alex的数据分析，或者看Chinaz.com数据。Chinaz.com提供的数据除了能看Alex排名，还能看到网站流量的分布情况，基本分三部分：基于网址、基于网站被访问比例、基于页面访问比例和人均页面

（访问）数。

合作的时候要挑排名比较靠前的，或者人均页面访问量比较高的。人均页面浏览量高说明这个页面用户翻得比较多，用户黏性和用户留存比较高。如果找基于页面访问比较高的网站，说明这个网站流量比较大。你按这些排名找就可以了，然后跟这样的网站换资源。如此就可以做到有理有据，不怕对方胡乱吹嘘，以至于自己上当受骗。

广告位互换一般是按对方的刊例价。我们就曾做过这样的尝试，效果还行，但我还是觉得推荐位互换的效果会好一些。还有一种比较好的方式是有些网站会做一些资源互换的中介或者说桥梁，具体是把多方网站的流量导到一个页面，增加单个页面的 IP 访问量，然后再把这些流量转化到自己的网站上，这样 IP 的访问量就都算在了自己的网站上。这样做主要是获取 IP，大家都知道对 Alex 排名影响最重要的就是 IP。一般说来，换资源都是和对方网站最核心的页面来换。

线下资源的互换部分就不细谈了，这方面的内容比较散，最好通过和别人合作，通过实践来积累经验。

关于中介页，搜狐、凤凰、大旗这些网站都做过，他们几个中介页也可以算是一个小产品。他们通过自己的平台把流量导入到这些页面里，致使页面本身就有一些IP，而且每天的IP访问量还特别大，甚至每天能到100多万。这样他就可以通过广告、文字、推荐位等位置来跟你互换。这样互换的好处是让你的友情链接也链接到他的页面，最后他这个页面的IP就会越来越高。因为它的域名是挂到这个网站下的，所以它能拉高整个网站的Alex排名。中介页就是这个意思。

第二，关于提升网站的PR值。

PR值是Google定义的一个衡量标准，虽然百度说自己没有权重，但其实百度内部也是有权重对比的。PR值和网站的外链数、SEO都有关系，UGC社区、门户类网站的权重和文章数都有关系。比如原来天涯和某个社区相比，文章数或帖子数有差别，天涯的文章数有几千万，另外一家的文章数有几百万，这个只有几百万文章的网站哪怕把网站优化得再好，权重也不可能比天涯高，因为天涯的基数比它大。基数直接影响收录量，收录量影响网站的权重，二者的关系非常大。

另外就是提升PR值，很多人会选择去换一些友情链接，这跟我说的第三点有一定的关系。做友情链接也是提升PR值的一种手段，但是我看到好多网站的友情链接设置有问题，可是有些人并不清楚友情链接设置的原则。设置友情链接有这样几个基本原则：

一般一个网站友情链接的基本数量大约是50个，加太多的话，意义也不大。50个友情链接的前提是要求把这50个链接的质量做得更高，而不是用来充数。早年我认识一个叫小面的，他当时开了一个页面，换了大约2000个友情链接，把一个页面的PR值做得很高，这也是一种手段，可以尝试这么做。但是按我刚才的说法，标准的友情链接数量是50个，把50个的质量做得特别高的话，效果可能比这位小哥的要好。那么，质量应该怎么理解呢，其实就是对方跟你互换，他也会有个PR值，如果对方的PR值比你的高，这样设置友情链接收到的效果会更好，就是这么个意思。

第三，检测友情链接效果。

如果你常用站长之家，想必一定会注意到有个link.chinaz.com的页面，这个页面有一个能检测页面友情链接效果的网址。通过这个工具，你能看到任何一个网站或某个页面的PR值。比如某个页面的PR值为6，那么，你找的和你交换链接的页面的PR值应大于等于6；数量越大，对自己越有帮助；同样的情况，如果你找个PR值是1、2、3的网站，那么对方会把你的PR值拉低，可谓得不偿失。所以，最好找大于或等于自有页面PR值的，如果你交换到的50个友情链接，每一个都大于或等于自己的PR值，那样就会拉高你的PR值。

另外还要检测一下自己页面的友情链接是否有效，使用以上方法不但可以直接检测出你的友情链接是不是无反链，而且还会告诉你对方的百度收录数，就连显示百度权重或流量多少也能一目了然。

还有一个PR输出值，PR输出值越高越好，它可以检测到你的效果。实际上很多网站做的友情链接的设置都有问题，包括某些知名企业的网站。

最后我要讲的关于友情链接的一个基本原则是"互链"。"互链"这个词可能很多人都不太懂，互链就是我和对方换友情链接，通过我的页面可以跳转到对方，点对方页面设置的友情链接还能回到我这里，这就叫作互链。

如果从对方的页面回不到自己的页面，那就意味着这样的友情链接是无效的，这样的友情链接对提升你的PR值是没有帮助的。每一个页面都有源代码，在源代码里可以看到每个页面会有一个title。比如你的title是"新浪娱乐频道"，那对方页面上用的文字也应该是"新浪娱乐频道"，以这样的形式对应存在。但是，我发现好多公司或个人从不注意这些基本原则。我在千橡时，当时糯米团队找我们做友情链接和团购，因为他们过去是做婚嫁的，所以对方坚持让我们加的关键字是"结婚"——可见正是因为他们不懂这些友情链接的基本原则，所以才不会找跟自己网站的title相对应的词。

以上就是友情链接的基本原则，大家可以自行研究。在实际效果中可能会发现一些微妙的东西，最终你能把你的网站的PR值做得比较高。但是如果你的网站PR值为6，和你的网站呈现内容一样的另一家网站PR值为8，你在百度里排名是不可能超过对方的。2009年时，我做过类似的事，当时的PR值能精确到小数点后几位。那时，如果你的权重降低1位，那么可能你的网站不会出现在第一页，所以说PR值还是比较关键的，大家有时间可以深入研究一下。

除了以上这些系统知识，我最后还要说到一个SEO。SEO也是PC产品推广的一个重要方式，有很多人就是通过去一些BBS、社区发文章，然后在文章内带入一些关键词，就能在搜索的时候搜索到这些页面。当然，这是不正规的做法，如果是正规的SEO优化就比较复杂了，涉及如何优化title、优化description、优化keywords，如何建立标签库，如何设置iss，以及如何建立每个页面的SEO优化，这些内容比较细致琐碎，需要你长时间去摸索和实践。

关于微博、微信的推广

第一，内容运营。

对于微博和微信来说，你若想收获比较好的效果，就必须做一些原创内容，把内容做得很独特。在写微博时，可以将它当成和日记一样比较正式的东西。对于微信来说，也一直都非常重视原创，打击抄袭。因为它们的创造者都很明白——一个社区或产品核心的原动力就是原创；反之，这个的社区是很难做下去的。

知乎之所以现在发展得那么好，就是因为它的原创UGC的内容所占的比例高。至于内容如何更好地运营，我在前面的章节里已经详细讲解，所以本节不再赘述。只提醒一点：你在创作文章时，一定要学会站在用户的角度思考和阅读一篇文章，或者想想某些文章大火的原因是什么，别人为什么会愿意分享那样的文章等。个人建议是，也许你的文章不一定写得多么高大上，但是一定不要脱离用户。写完之后，你阅读一下，问问你自己会不会转发和分享这样的文章，如此大概就能有个把握。

切忌不可自嗨，沉醉于自己的喜好中不可自拔。要知道这样的文章，百分之百不会受到欢迎。

第二，用户运营。

微信是可以建立用户体系的。用户运营是金字塔架构，可能你会问我的微信公众号是怎么做的，实际上我是通过很多群。微信本身不会让你基于它来建立自己的产品，所以只能基于微信的功能做一些微信群的运营，或者朋友圈以及公众号的运营，它具有很多特殊属性。

微博同样也可以做用户，微博可以在发布的内容里加一些和用户互动的内容。比如有用户回复了你的内容，你就可以把某些对你的微博运营有帮助的内容，让用户看到之后能感受到你的微博与众不同，能感受到你微博的气质，这也是比较不错的一种方式。其实就是要接地气，一定要让用户能对你有一个感知，让用户觉得你和他的距离并不遥远。

就像我刚才说的，有些人做微博或微信，别人看过之后觉得你纯粹是活在自己的世界里，看你写的语言也是那种文绉绉的类型。就在前不久，我曾与一家公司的负责人讨论过这个问题，他们公司的文案总是喜欢用一些特别专业的术语，但是用户是看不懂那些术语的。如果你做用户非得要用一些比较难懂的术语，那用户肯定是不会搭理你的，所以还是要多考虑一下用户的感受，使用用户能够理解并且喜好的表达文字，这样才有利于拉近你和用户之间的距离。

第三，事件营销。

很多人可能会利用微博、微信做一些事件，但不管你做什么事件，它在前期是需要策划的。即不管是要推广产品还是推广公司、推广个人形象，把这些要推广的东西利用社会化的平台快速传播出去，比如H5页面这就是一种不错的方式。虎扑曾经搞过一个活动，他们在网络上发布出很多段NBA里边的文章，喜欢NBA的人可以把文章里主角的名字换成自己的名字分享出去——这样一种便捷且充满幽默、自豪感的分享方式，使文章在短短几天内就创造下三四百万的分享量，以至于直接把虎扑APP推到了App Store排行榜的前几名。

事件营销的方式主要在于创意，大家可以参考一些别人做过的质量比较好的H5页面进行模仿，尝试着去了解人家的思路是怎么一回事。事件营销有一个特点——就是某件之前大火过的事情，如果你找到一个更好的点进行挖掘，此事还是可以在几年之后再次大火的。只是请注意这里的时间节点，如果两起行为时差太短，那么你后来策划的事件就不一定能火了。比如，别人在1月做火了一个事件，你3月或4月又找了一个类似的事件做，那样你不一定能火。

对于整个网络来说，网友们都是很善忘的。所以你大可利用这点，在一个合适的时间内营销一件大火的事件。

最后，如果你的公司有事件营销的想法的话，可以尝试着找一些明星或美女拍一些视频、图片，用一些低成本的方式推广你的产品，这种方式可能反而比你花钱去买流量营造的效果更好。

7

关于运营团队的几点思考

没有耐性的产品经理一定做不好产品，更没有心思去接触用户。责任心、态度、对细节的重视程度，无论做任何工作，都是受用的。

搭建社区运营团队

从2011年我接手猫扑的社区运营团队，到后来的猫扑南迁，我的运营团队前后共重建了四次。猫扑南迁是我最煎熬的一段时光，当时北京的运营全部解散，我的团队成员也陆续去了其他公司，而我和当时的运营总监一起去了南宁，并重建了运营团队。后来他离开了，我接手工作，团队又重新组建了两次。

其实，猫扑的运营人数一直都很少。2007年以后，最多时也不过百人。其中社区运营的版块人员更是精简，最多的时候不过20人。虽然人数极少，但每个人几乎都身经百战，足以"以一敌三"，论单兵作战能力我估计在业界完全可以轻松排进前三。我对运营人员分配的原则是：不在乎数量的多少，看重的是单个人员的基本素质。

培养一支专业的运营团队是需要时间的，需要慢慢"养"，也许短期内不会出现特别大的效果，但越往后作用会越大。只是你应当懂得：首先运营虽不是万能的，但它完全可以作为一种解决问题的手段，本质上讲究的是合理搭配各个运营模块；其次和运营关系最紧密的就是产品，所以你想做好运营就一定要摸清弄懂你的产品，一个不懂产品的运营是做不好社区的，关键时刻要强迫你的员工去学习。

可见，对于任何运营岗位来说，人才永远是第一位的，所谓千军易得，一将难求。下面我就跟大家分享一些以往的经验和教训，希望能给大家带来一些启示。

一、团队中一定得有一个灵魂人物

很多武侠小说里常有这样的情节：每个帮派都会有一个"带头大哥"，他是一个帮派的主心骨，直接影响着整个团队的气质。找到合适的人选，很多事情自然迎刃而解。那么，什么样的人最合适做"带头大哥"呢？答案是一线工作经验至少在3年以上、有过带队经验且在一家公司有非常健康的成长曲线（业绩突出、职位变化明显），这样的运营人员才是潜力股。

反之，什么样的人一定不合适呢？

第一，靠频繁跳槽涨工资、升职的；第二，人品有问题的；

第三,一线经验不足2年的;第四,工作了好多年,业绩毫无亮点,连自己最自豪的事情都讲不清楚的。

"带头大哥"的经验、可塑性是最关键的。如果你遇到一个不错的,就赶紧收了吧。

切记,一定不要招毫无社区经验的"纯管理",因为就目前国内运营的大环境来说,做社区运营工作本身就要求具备实战经验,那些仅有书本、网络知识的人选,就算你给他机会,最终也是无法让人满意的。

任何时候都不要忘记:一个优秀的运营一定是经过大量的工作、长时间的打磨而成的,不是随随便便看几本书、做点儿笔记就能胜任的。基础打不好,就没办法深入开展工作,对运营工作中隐藏着的很多不成文的规则也无法琢磨透彻。

社区有别于其他产品模式,其中的门道太多了。纯管理,意味着他必须再招一个懂社区的人来帮自己。加上运营工作实在太琐碎了,现在几乎没有几个超过30岁的管理人员愿意踏踏实实认真钻研各个细节工作的,再说时间上也不允许。

二、对于普通运营人员:可塑性更重要

运营工作更重要的是我经常提到的所谓的特质,其实就是做事的责任心、态度、细心程度、耐性、时间观念、灵活性、视野和大局观等，除此之外还有逆商，这些都非常重要。

一个关键点是，做社区是需要情怀的。无情之人，永远做不好社区。

一个耐性很差的运营一定成不了最优秀的高级运营。在这里我跟大家分享一个我的亲身经历：有一次，部门招人，因为我临时要开会，只好让几个前来面试的人员稍等。这期间，有人就开始不耐烦了，最后面试也没参加就溜之大吉。当我开完会以后就只有一个女生还在沙发上等，经过面试我感觉她还不错，就录取她了。果然，后来她成了同一批人里最能干的一个。

后来，我在筛选新员工时，一定会把耐性作为更重要的一项标准，庆幸的是，事实就是如此。

三、运营团队是慢慢搭建起来的，不是搞人海战术

一个有经验的运营总监、VP都会清楚一点：运营的模块有很多，比如内容运营、用户运营、活动运营、新媒体运营、数据运营等，产品处于不同的时期，需要不同模块的合理搭配。

所以，运营工作绝不是上来就搞人海战术。你得先搭好架子，看你当前究竟需要哪些模块，再找与之对应的各类人才。

四、社区的气质很重要，好的运营往往会将其植根在自己的言谈举止里

微信"摇一摇"刚火的时候，大部分人都用这个功能找朋友，我却用它招了一个下属。当然，这不是最关键的，关键的是我招聘她的原因。当时，通过简单地交流，我立即意识到她身上有很强的与社区相符合的气质。虽然后来她还是选择离开去了百度，但在她入职以后，仅用几个月的时间就搞定百度贴吧的明星拓展工作，这确实令我赞叹不已。

提醒一点，虽然这种社区气质比较难把握，但你可以通过长时间的训练去达成。我当时就是从综合维度判断对方是否具备社区的气质。

五、用户出身转运营的，需要注意的一些问题

早期的社区，运营人员大部分都是从用户里面选拔出来的。当然，现在大家仍可以沿用这种方式。现在的渠道很多，微博达人、社区达人都有很多不错的，可以考虑。在此，我只是跟大家说一些注意事项，这样也有利于员工的个人成长。

用户出身转运营的优势：

第一，能够很快熟悉社区，并能很快跟用户打成一片。

第二，做事不会死守流程，有一定的创新能力。

第三，做事专注，注重结果。

用户出身转运营的劣势：

第一，用户思维过重，经常把自己当普通用户对待，而忘记了自己的身份。

这其实就是所谓的大局观不够。这一点需要他的主管在做事时多提醒他，该纠正的一定要及时纠正。

第二，易疲劳。

所有人玩社区的寿命都是有限的，加上现在可玩的社区数量庞大，导致这个"寿命"会变得更短。要知道，在你招他进入公司之前，他就已经在玩社区的方面透支了几年，现在只恐透支更甚，其人大有可能出现疲惫状态。

当你遇到这种员工时，有一个办法可以帮助他克服这种情况。作为他的上级领导，你要经常激励、鞭策他，让他找到更多的成就感，或者让他去尝试一些其他与运营相关的工作。

第三，总结能力差。

很多运营人员的工作能力都很出色，但可惜的是，他们的总结能力往往都很差，很少会把自己的工作总结成一个体系、流程。针对这种情况，你只需要让他把自己的成绩总结出来，跟团队的人多分享就行了。

其实，这些问题也正是我当年工作中遇到的问题。不得不说，认真处理起来的确需要些耐力，但你只有严格要求自己，才能真正地把运营工作做到极致。所以，受些辛苦，也是相当值得。

六、最优秀的运营人员，一定要想方设法让他留下

运营是和用户直接产生联系的一个环节，运营的动荡直接导致的就是用户的动荡和流失。

回顾猫扑南迁的那段时间，由于贴贴的两个编辑（编辑是运营的一个分支）流失，竟直接导致贴贴的pv瞬间就损失掉500万。之所以会有这样严重的损失，是因为两个编辑的工作能力实在太强。我记得其中一个女孩，刚来公司没多久，她所负责运营的版块数据当月就涨了3倍。当时只是惊讶于她出色的运营能力，后来我才知道，她每天回家都会和她的男朋友探讨社区发生的各种事情——做社区，一定要专注，你的专注程度将决定你的成绩有多大。

我工作10多年，还从来没见过一个每天准点上下班、回家把电脑一关从来不问工作的人能够做好社区运营的。

人才难求，别天真地认为流失一个不错的运营没什么大不了，回头还能找个人来取代他，这种事几乎不可能。

七、工作两三年的运营最好带

首先，这个阶段的运营可塑性还很强，最具备培养的潜质。好好带，在很短的时间内就可以成为一个相对不错的运营人才。

再说运营是讲求灵活性的，工作超过七八年的，其工作思维

已经形成定式，很难被改变。如果一个人工作七八年了却仍然只是一名初级运营人员，这样的人我会第一个就淘汰掉。

另外，工作两三年的人，他平时的时间相对来说比较充裕，没有太多的负担。因为运营必须用大量琐碎的时间进行练习，培养基本功——这个真没办法。试想他如果每天都不够专注，总是忙于各种自己的私事、琐事、杂事，哪有时间练基本功呢？

八、别指望用实习生、毕业生来实现运营工作的最好预期

就经验来说，实习生我带了好几拨，只有一拨是令我满意的，原因在于他们的流动性太大，稳定性不够，对工作的本质认识也不够深刻。当然，这是因为他们刚刚大学毕业，没有任何实战经验，这点不怪人家。可是对于你的工作来说，你需要的是一批训练有素的"战士"来完成工作，所以还是尽量避免选择这群人吧。

运营真的没有很多人想象的那么简单，建议公司不要在这方面刻意省成本，你要知道"一分价钱一分货"。当然你可以采取老人带新人的方式，这样是能培养出比较合格的"继承人"，但概率一般很小。

如何招到你想要的人

    本文主要讲述我的一些招聘经历，旨在能够帮助那些没有招聘方向的猎头和公司HR，希望能对大家的招聘工作有所启示。

    现在大家招人有一个常犯的错误——总认为大公司出来的就一定是人才。其实，BAT（中国互联网公司百度公司Baidu、阿里巴巴集团Alibaba、腾讯公司Tencent三大巨头首字母缩写）出来的人一定就强吗？在对这个回答持否定意见时，我已经做好了被众人口诛笔伐的准备。现在，我用自己的亲身经历告诉大家：从BAT出来的人，只能说相比一般的公司会强一些，但不见得个个都强。我永远坚信，一个人达到某个职位高度一定与他自身的能力不可分割。但也有一种情况，只是他在合适的时间遇到了合适的公司、合适的人、合适的时机，所以才走到那个令人仰止的位置，就像前Google

最年轻的华人总监周杰说的："只是运气好了点儿而已"。

而最关键的就是，你招人不是要找最厉害的人，而是要招与所供岗位相适应的人，唐僧加上三个悟空，不见得能取到真经。

之前uber有一篇文章很火，于是就有猎头来问我认不认识uber的人；后来又有一篇"我在阿里做运营"的文章火了，就有很多人问我认不认识阿里的运营。很多文章其实只是捧了某个人或者某一批人，但因此相关的人等也都被神话了，要想找出你需要的真正有才的人，咱们一定得睁大眼睛、明辨是非。

我曾经说过一句话："大公司能给你一顶光环，但不要把平台的成功归功于个人，离开了这家公司，你还能剩下什么，这才能证明你到底优不优秀！"归根结底还是心态，你对自己的能力要有一个清晰的认知。

前几年我在酷我工作的时候，公司需要招聘一批新媒体运营，大家都说小米在这方面做得不错。于是我们就从中进行挑选，总共三四十份简历，挑来挑去就只挑出六七份，结果还有一半没有来面试。还有一份简历明显作假，上面写着工作经验两年半，职位却已是总监级别。可单看那份简历，乏善可陈、毫无亮点，完全体现不出总监的水平。

实际上，大公司基本都会遇到这种问题，不少面试者换工作只是为了镀金，哪里给的工资高他们就会去哪里，骨子里并没有与这个公司同甘共苦的打算。这些你在面试的时候，可以通过分析面试者的简历、观察其面试细节等仔细推敲，个别情况还能通过心理测试题来帮助分辨。那么，企业在招人的时候应该注重面试者的哪些特质呢？

一、逆商

现在互联网就业的主力已经变成了"90后"，如果再跟他们讲你的"当年"、忆苦思甜，他们是绝对无法理解的。所以我入职奇酷后，从来没跟我的下属讲过自己当年所受的那些委屈。相反，倘若你像个怨妇一样大吐苦水，结果只能让别人产生反感，而不会产生一点儿积极的作用。

一个心智成熟的人不能总活在过去，而应该往前看。你当年再优秀、再辛苦，该翻篇的就让它翻篇吧。很多事情，让你再重来一次，不见得你还会成功，不见得你还会那样天真烂漫地坚守那份执着。

我从来都感谢我之前的那些经历，感谢我的用户、我的团队、我的领导——他们给了我成长的机会。虽然没攒到钱，但是攒到了我未来10年、20年甚至30年的资本。而这一切，只是因为在所有人都放弃、因赚不到钱绕道走的时候，我仍然坚定不移地在坚持（在猫扑坚持7年以上的人只有三个，我是其中之一）。我承认，我对猫扑是有真情实感的，上次有朋友问我它这些年走下坡路的原因，出于对曾给予我很多的公司的尊重，我直接婉拒了对方。

其实我并不认同马云总结的"员工的离职原因只有两点最真实：第一点，钱没给到位；第二点，心委屈了"的道理，如果能放正心态，自然会觉得那根本不值一提。我始终相信，只要你清楚自己在做什么，清楚你需要什么，你就应该少点儿借口和埋怨，踏踏实实、义无反顾地坚持下去。

以上也并不是说我就是一个逆商极高的人，只是得益于当时特殊的时期和环境。但我敢特别自豪地说，现在的互联网环境不可能再"制造"出第二个类类，毕竟一把年纪，却还只注重积攒能力而不看钱的人不多。

回到本话题的重点，我并不是要求你招聘一个如我一样的人，只是提醒你应该观察一下面试者的逆商，逆商比较高的，还是比较靠谱的。

二、心智

心智对一个人来说非常重要，我的心智只能算作一般，谈不上成熟，至少和年龄不匹配，但是我看人比较准。记得在南宁时，我曾破格提拔过一个小伙子，在我看来，他是那种心智成熟，非常清楚自己需要什么、能做什么的人。果然，他当上小组主管后，将整个团队管理得井井有条。

当然，我遇到的也不都是好事，下面这位就是反面事例：

一个多月前，我面试了一个1989年出生的产品经理，虽然他只有一些小公司的工作经验，但作品看上去还可以。我本来打算给他一个机会，可是在面试中他坚持月薪不低于两万才愿意和我继续谈。我跟他说，他现在这份工作才干了三个月，在上家公司也是一样（月薪一万），时间都太短，我不会给他要求的薪水。而当我问他理由时，更想不到的是，他居然对我说，因为他要买房买车。我当时就觉得好笑，问他，这跟公司决定要给他多少薪水有什么关系？他回答我，月薪达不到两万，他买不了房子和车。

话已至此，我告诉他，目前他的资历尚浅，他需要保持一颗冷静的头脑，加强学习，增进技能，能力很强时，才可以要求高薪。

可是，他仍然坚持这个数。最后，我只能无奈地放弃了他。

以此人为例，我讲一下几个招人的基本标准：

第一，只看钱的，不要录取。

对方奔着薪资来，一定留不久，任何公司对他来说都只是个跳板。这样的人，他的能力越强，对你的公司反而越容易造成威胁。试想，如果其他公司给的工资更高，他分分钟就可以辞职走人，去到别的公司创造业绩，从而成为你最强大的仇敌。

第二，不以自己真实的实力去匹配适合的价值，反以行业或者周围人的价值为自己定价值，这种人没有自知之明，你跟他说再多也无异于浪费口舌。

第三，像上面事例中的面试者，我跟他说了那么多，他却依然不听劝，说明此人非常固执。

总之，企业最需要的无非是两种人。第一，忠臣：能把老板的事当成自己的事的人。能把工作当成自己的事业或者自己的儿子，有这种想法的员工是可贵的，公司应当尽力挽留，珍惜并重用。第二，智者：清楚自己想要什么，并能一如既往坚持的人。一个员工不可能一辈子为你打工，在他成长的阶段，你为他提供平台，让他陪伴你的企业一起成长就已足够。在这有限的时间内，一个清楚自己能做什么，并且能始终坚持去做的员工，是真正能够用心工作的人。对于这样自觉的员工，公司应当多给对方一些机会。

把产品经理们的用户意识"逼"出来

我工作的这十多年里，大部分时间都在从事运营工作。最初在金山、猫扑做运营时都是产品、运营同时做，后来因为我在做运营方面强于产品，所以我选择了主攻运营。但在那之后，我一直努力找机会弥补自己在产品方面的不足。通过努力探索，我对猫扑的前台、后台，所有边边角角都了如指掌，那时很多逻辑和规则也是我直接定的。因此，后期我很顺利地过渡到了产品总监的岗位上。

我承认，这十多年的经历太过特殊，我很清楚自己能力的上限，也明白任何人都不可能做到全能，但我在努力弥补自己的缺陷。

我从不相信"人人都是产品经理"这种伪命题，更不会臆断"人人都是运营经理"这种结论。产品不是谁都可以"认为"自己懂的——原型没画过、文档没写过，你可以说自己有产品意识，但绝对不能说自己懂，更不要试图干涉下属的工作细节。专业的人做专业的事，不懂就该交给专业的人。

在我看来，产品像是生孩子，技术像是造孩子，运营像是养孩子。而一个产品最后的形成，则是产品经理给了它血和肉、身和形，而运营给了它灵魂。

可见，产品经理必须懂用户。但实际上，我所接触到的产品人员，只有极少数是真正懂用户的。为此，很多产品做到最后，反而被做成一款仅仅只为满足几个产品人员需求的产品。更有甚者，丝毫没有主动意识，没有思维能力，天天在等领导发布指令——领导说做什么就做什么，不说就不做。

可见，产品经理很难拥有用户意识，所以需要把他们的意识"逼"出来。那么，该如何去"逼"呢？下面我就来说说我的一些观点和看法。

一、把产品经理和运营人员放在同一个部门中

BAT和一些大型公司都采取这种做法。最懂用户的必然是运营，因为他们天天跟用户接触。当然，人前挨骂的也一定是运营，因为很多用户压根都不知道还有产品经理这个职位，更不知道他天天使用的这些功能是谁设计出来的，一旦有抱怨，就全部撒到

了运营和客服头上。

我见惯了太多产品经理和运营人员掐架、推诿而导致项目迟迟无法推进的例子。如果把产品和运营放在同一个部门中，由一个大领导者来管理，这样可以极大地避免产品和运营之间的隔阂。具体可以从下面三个方面进行着手：

第一，在工位上，让产品经理和运营人员坐在一起，面对面或者紧挨着都行。

第二，让产品经理天天能看到运营人员每天在做什么，在说什么，在抱怨什么。

第三，在产品经理或者运营人员讨论某些问题的时候，适当地让彼此都参与其中。这样既可以集思广益，也可以方便他们互相之间形成工作上的默契。

二、让产品经理兼做一些运营方面的工作

让产品转运营，不一定所有人都会接受——产品的工资高于运营，让人家降薪，多少都会心里不舒服。

但是，让产品经理兼做运营方面的一些工作，是可行的。我在2007年就是这么做的。

很多产品人员或者技术人员都是做完了这个项目，再做另一个项目，流水线作业。其实他们对项目本身的逻辑完全不了解，甚至功能都没用过，更别说一些很细的、运营或者用户使用起来感觉别扭的地方了。

让产品经理兼做一些运营方面的工作，其实就是逼他们去了解和熟悉业务本身，真实地体会一下，这是完全有必要的。

三、提供给产品经理一切熟悉用户的机会

这点就更简单了，把产品人员拉进运营所维护的各种QQ群、微信群。让他们真实地接触到用户，看看、听听用户每天在说什么、抱怨什么。产品和运营一样，只要用心，同样可以被用户感动。

某些产品的功能做得很棒，被用户表扬了，他们能从用户那里找到自信；某些产品的功能设计得反人类，导致用户总是不停地抱怨，他们也能及时跟进、改进。

每次准备发布一些新功能时，我都会在最核心的用户群进行提前预告，让他们有一些期许。功能上线时，同样也会首先告诉那些最核心的用户。

有时候，我们想做一些功能，也会借用户的"嘴"说出来，让用户觉得这个建议是他提出来的，把功劳让给用户。

四、让产品经理和运营人员共同承担数据压力

"产品做完了，剩下的就是运营的工作"，这是多么可笑的想法。第一，产品可能有做完的时候吗？第二，产品上线之后，本

身也需要根据用户、运营的反馈来不断优化和完善产品体验。第三，产品和运营本身就是需要互相配合的。产品弱，意味着运营的成本会更高；产品强，运营则可以缩减成本，减轻压力。

所以，绩效一定需要让产品经理和运营人员共同承担。压力之下，逼着产品经理和运营人员更加有效地沟通、配合，互相取舍、互相依附，最终达成默契。

五、在招聘方面必须对产品经理把关

招聘是做任何一项工作的源头。工作是一样的，可人不一样，这会导致千差万别的结果。为了做出优秀的产品，我始终坚持严格招聘的原则。

每个人都是有一定气质的，招聘时你可以试着了解一下这个面试者的气质。豆瓣的文艺青年、知乎的高段位达人、猫扑的乡土范儿、天涯的愤青……如果你招一个木讷的大叔去做一个 "90后" 云集的社区，他会做成什么样，结果不言而喻。

没有耐性的产品经理一定做不好产品，更没有心思去接触用户。责任心、态度、对细节的重视程度，无论做任何工作，都是受用的。所以在面试的时候，你一定要仔细考察一下眼前这个人有没有意愿去培养用户意识。

当然，你也可以考虑招聘运营出身转产品的那些产品经理，这样更直接。

用户意识都是需要"逼"出来的。懂用户很难，但真正懂用户的产品经理才会最有价值，才能真正获得用户的心声，才会知道用户最需要什么。

很多事情很微妙，也许有一天，当你真正了解用户的时候，你会发现，你以前做了很多无用功。最后，请时刻保持一份谦虚。谁都别说自己最懂用户，在与用户博弈的过程中，我们每个人都是学生。

从产品经理的视角看运营

自从我参加工作以来，做的工作大部分都是和运营有关的，最近几年才开始转战产品。如今，在产品阶段也已有三年时间，所以在这里想跟大家聊聊，如何站在产品经理的视角看运营。

其实懂运营的人转产品非常容易。其一，做运营的人跟用户打交道的时间足够长，更懂用户的行为方式和心理诉求。其二，有了运营工作的经验基础，在制定产品逻辑时也会更加接地气。

如果不是后来做了产品，我想我永远也无法体会到其中的难处。2013年，我由运营总监转成产品总监，一上任才真切地体会到做产品的不易，才发现无论做产品还是做运营，都各有各的辛苦。

刚入职时，我做产品的优势是原型画得很好，带交互，高保真。但劣势也很明显——prd文档写得不好。加之没有技术的底

223

子，所以当时为了能胜任这份工作，我学了很多的东西。三年下来，虽然我不敢说自己有多优秀，但还是有一定成长的。在这里我主要想和大家分享一些这几年我在产品方面的工作经验。希望能给你们带来一些启发。

一、产品经理要正视来自运营人员的质疑

产品经理需要掌握的知识很多，除了运营，还要懂得技术、设计等方面的知识。那么产品经理该如何掌握这些技能呢？当年，我是通过"舌战群雄"这个方法来逐步达到并完善的。

或许你会觉得这不太好，但我想说的是，公司让大家一起开会就是为了集思广益，在讨论中得出一个最佳的方针和策略。如果你一味地害羞，不肯表达观点，那会议基本就形同虚设，没任何的意义了。我性格豪爽，说话也比较直，导致有时会跟大家讨论得热火朝天，甚至十分激动。记得有一次，技术部门的领导就曾非常赞赏地对我说："类，你敢一个人挑战这一屋子的人，你真行！"

但我这不是一时的鲁莽，故意跟所有人叫板。如果别人确实有更好的观点，会后我也会认真进行反思，弥补自身的不足。记得有一次在自适应的问题上，我研究了很久才知道答案，当时跟设计的负责人关系很好，并且从她身上学到不少知识，现在回忆起来，那真是堪称一次完美的学习经历。

当然，沟通并不都是特别轻松的，也会有一些特别不愉快的合作经历。有时，甚至能感受到对方向你投来的那种不屑甚至鄙视，但我知道如果矛盾在不断激化，我也没有必要强行要求别人来适应和接受我的观点。时间自会证明一切，你只要对自己有信心。

那时候，我收获最大的是：从心里懂得了做产品的不易，也能放宽心，学着更宽容地对待一起共事的同事们。

二、运营人员要学会分辨和筛选用户需求

说到需求，最终实现的一定是产品主导、经过团队筛选出来的官方需求，以及用户的部分需求。

想要配合产品部门顺利地完成工作，运营人员首先就要清楚一点，用户的需求是永远都满足不完的。可现实里，很多没有经验的运营人员会把很多来自用户的需求，不加识别就一股脑儿地塞给产品人员。这无疑会给产品人员造成很大的困扰。

从某种程度上讲，一个完全不懂产品的运营人员，基本不会有远大的前途。所以，你在运营工作的过程中，就要有意识地去弥补自己在产品方面的缺失，绝不能一窍不通。

这样的好处就是，当你拿到大量用户需求的时候，你就会有意识地区分和辨别哪些是应该满足、应该何时满足的需求，并且可以将这些需求有效分级。还能根据自己已有的知识，淘汰掉其中一些优先级很低的需求。

这样，产品经理自然就会轻松很多。更重要的是，运营人员做这些工作是有目的的，这是为你将来的美好前途做铺垫。

三、运营人员要充分参与到产品开发环节中

很多公司，在做产品开发的时候总是忽略和无视运营人员，这种做法是极其错误的。同样，作为运营人员，你应该主动参与到产品开发的环节中去，其中的道理很简单：

第一，产品做出来之后，体验最频繁的，一定是运营。

第二，离用户最近的一定是运营。

第三，听到抱怨最多的，一定还是运营。

一个好的产品，绝对不是只靠某几个人拍拍脑门就能设计出来的。运营人员要始终贯穿在整个环节，听听产品人员的分析和抱怨，这对改善产品是极好的。所以，针对产品经理的座位，我觉得这么安排才是最合理的：左右是技术和设计；对面是运营人员；后面是QA或其他环节的人。

如此，一方面可以方便你统观全局，另一面可以帮助你更快地融入核心用户中，帮助你更清楚地识别和认识自己的产品做到了何种程度。

当然作为领导，关键时候还是要多多鼓励团队人员的——做得好，就多给加点儿薪，来点儿实在的。

四、做过产品再回过头来看运营，豁然开朗

我提出这一点，目的是想告诉大家，我们往往习惯于沉浸或者沉迷在一项工作中，从而忽略外人对我们工作的看法。其实很多人做运营工作若干年之后，都会思考如何转型的问题。也许是转型做商务、做市场、做产品，也许是负责项目。不管你做出了怎样的选择，当你回头重新审视自己当年的工作的时候，也许会是另一种心境。

通常出现的情景是：你会发现，当年的很多行为看起来都是那么的滑稽；你会突然领悟到，自己有很多工作绕了不少弯子；很多工作，当年你觉得根本就是毫无规律可循，但如今看来其实还是有很多门道的；很多看似简单的工作，实际上并不是那么简单，而是你想得太少了。

也许，这也是一种成长吧。

五、产品经理如何开拓自己的视野

最强的运营，一定是看综合能力的。对于做产品经理，道理也是一样。

第一，不应该只研究竞品，而是应该研究同行业的所有产品。

我记得当时猫扑的 CEO 多次跟我讲过关于首页风格和要求的知识，但因为我个人的经验有限，总是理解不了。于是我就把 Alexa（网站排名查询）排名前 2000 的网站，从头到尾看了三遍，才算慢慢找到了感觉。虽然在这方面花去不少时间，可效果却也十分喜人。

同样，在我做 App 的时候。我在手机里下载了 500 多个 App，逐个认真去研究它的产品特点，总结优劣。社区类的，很多都是专门注册账号进去看，认真研究其中的门道。事实证明，想要做好一件产品，只关注竞品远远不够，你需要去研究同行业的所有产品。看多了，视野自然就会变得开阔，也就大概能够掌握其中的规律了。

第二，站在项目整体上考虑问题。

一款产品的设计完成，需要多个部门共同配合。如果你只关注自己的一亩三分地，那将无法生产制造出一款实用精美的产品，这也就意味着你需要注意培养自己的大局观。在日常工作中，在你的潜意识里，你就要学会关注与你工作相关的各个环节。如此，当你面临工作配合的时候，自然也会想到把别人带入进去。

慢慢地，你的涉猎面和知识面就会越来越广，成长速度自然就会加快。所以说,一个合格的产品经理需要广泛涉猎。而在考虑事情时,也一定要把运营人员带上,因为这个职位的性质就是如此。产品经理应该是一个纽带,把运营、设计、技术等各部门有效地结合起来,这才是作为产品经理最正确的角色定位。

六、一个好的产品经理一定懂运营,一个好的运营人员一定懂产品

产品经理,其实是个统称。称呼里虽然带有经理二字,却并不是实质上的"经理",其本质与运营专员是一个级别。只是在某种程度上,产品经理的责任更加重大。

所以,为了做好产品,产品经理必须懂运营,一个纯产品经理在思维和视野上难免会受到很多的限制。这是因为不懂运营的产品经理总是喜欢用各种规则和逻辑去控制用户,这会违背用户规则的基本原理。比如,有些产品经理根据自己的喜好,为用户设定的积分规则。

同样,为了做好产品,运营人员也必须懂产品。这样可以弥补自己在产品方面的缺失。具体的办法其实非常简单,就是多和产品人员在一起沟通磨合。另外,也要找机会多向产品开发的其他环节的同事虚心求教。长时间坚持下去,肯定会对你有所帮助。

以上是我三年产品经理的经验之谈，我知道，在探索产品的道路上，我未来的路还很长，希望能跟大家一起努力，做出更多深受用户喜欢的产品。

为什么有些企业总是做不好运营

这个话题说起来比较沉重，但这是很多公司曾经遇到或者正在面对的问题。就我自己来说，这些年经历过很多，也犯过不少的错，很多教训都是血淋淋的。现在，我将这些挫折总结出来，希望能为你敲响警钟，避免悲剧的重蹈覆辙。

运营的工作很细碎，很多公司的管理者对运营具体做的每一件事情都一知半解，国内完全做过系统化运营工作的人并没有想象的那么多。互联网这些年发展得太快，对运营的要求也越来越高，你的认识和理解随时都需要为顺应互联网发展的趋势而改变。

运营的上限是COO，是公司里负责监督管理每日活动的高阶官员。COO在很多公司都是二把手，是CEO最重要的左膀右臂。所以，运营人员在自己还是小兵的时候，就应该去培养自己的大局观和综合素质。

那么，下面这些"错误"你都遇到或者犯过吗？

一、运营人员自身的问题

第一，运营管理人员不能担当"带头大哥"的作用。

运营工作和其他工作不太一样，由于工作过于细碎，所以通常情况下，企业更偏向招有相关经验的人来负责，或者从一线直接提拔。纯管理、空降兵不是不行，但情商太低、又不愿意熟悉业务的纯管理一定不行。

可是现实里，很多运营管理者会经常犯一些低级错误：日常不去了解业务，不去关心和了解员工的具体工作内容和实际工作状态；把精力放在搞关系上，阿谀拍马，充当老板的"传话筒"，老板说什么就做什么，不说就不做；天天侃大山，谈战略，谈未来，谈理想，谈愿景；和兄弟部门的关系恶化，把精力用在搞办公室斗争上；拿下属的功劳邀功，用所谓的权威压人；不能主动承担责任，让下属或者其他部门背黑锅；当部门出现大量负面情绪时，不注意疏导或者杀一儆百；一线经验不足的情况下，过早地把自己变成管理人员，从而远离了业务本身，等等。

当然，其实这些问题其他职能负责人也会经常犯，只是运营工作有时候界限过于模糊，所以更容易出现这些问题。这时候，负责监督此人的管理人员就需要主动站出来了。

第二，运营专员的职责。

运营工作最基础的职位叫运营专员，这个职位的职责只有两个字：执行。

运营工作非常注重实战，需要在不断磨炼基本功的基础上提升自己的能力，需要用时间来换经验。所以，在你没有做过的情况下，是没有发言权的。如果你没有足够的理由能说服你的领导，那你就得踏踏实实地去做。

不要抱怨，运营工作就是非常的辛苦，到最后拼的就是一股耐力，谁能坚持下来，谁就最强大。

二、公司决策者的问题

公司的决策者是最不容易的，他决定着公司未来的发展方向。人就是这样，职位越高，越容易忽视细节，越容易被蒙蔽双眼，因此也越应该防微杜渐。那么，决策者容易在运营环节出现哪些错误呢？

第一大问题：不理解运营人员的苦衷。

运营这种工作经常是出力不讨好的。做的事情很多，结果可能不尽如人意。背黑锅、为他人作嫁衣是常有的事情。所以决策者需要给予运营人员足够的支持和理解。

第二大问题：过分干涉运营工作的具体执行细节。

如果你没有从事过运营工作，那么对这部分你就是陌生的，就是不懂的。看得再多，不去练习，永远都没用。所以不要过分迷信那些所谓的方法论，实操才是运营法典。

三、运营不能充分地发挥作用

很多公司根本不了解运营对一个公司具有怎样的重要性，认为运营工作在产品搭建基本完成时，再做也不晚。这其实是一种很可笑的想法，非常的不明智。

第四，频繁更换运营负责人，或运营团队动荡。

运营团队严重动荡，甚至整个更换，将会导致整个运营体系直接崩溃，用户大量流失，如此就只能重建。而新人对规则是不可能全部熟悉的，好比改朝换代，代价其实是很严重的。

运营和用户接触久了，就会被用户所感染、感动，其实他们并不想离开公司，只是决策者在潜移默化中伤了他们的心，结果辛辛苦苦培养出来的人才成了别人的座上宾。

当然，运营团队也不能长期不变，因为运营工作是需要根据趋势而做出调整、改变的，千万不能形成思维定式，为此需要定期更换新鲜血液来增加团队的新陈代谢。但这不代表可以断根，丢了运营的气质。

第五，企业的内功和外功不能平衡。

我一直以为企业如人，内外需要调和。产品开发这个链条上的工作，以及狭义上的运营工作（围绕用户、内容所开展的运营工作），可以统称为内功，需要"静"；而销售、商务、市场等需要对外开展的工作，可以统称为外功，需要"动"。两者之间需要互相平衡，才能促进一个企业的良好发展。

过分强调内功就可能导致闭门造车。企业的盈利、品牌建设等就会随时出现瓶颈或者爆发问题。过分强调外功，产品就无法做到极致。内容、用户建设将会随时出现问题，甚至会出现为了赚钱不择手段的可怕事情。

我知道，就像人很难真正做到内外兼修。一个企业想要达到这种完美的效果，也需要一段漫长的过程，所以你也无须慌张，在每个阶段做好每个阶段的事情就好，起码做到心中有数。

这也就意味着，不管是主外还是主内，都需要受到重视。内功和外功，必然需要平衡。

当然，现实中能够做到内外兼修、有着高格局的领导还是有的，这样的人，必然是集大成者，是我们每个人学习的榜样。

8

给运营新人的一剂猛药

8

能力这个东西，非常虚，因为它无法用一个大家都公认的能准确界定的数值来定义。你说你能力强，周遭一定会有人用异样的眼光看着你，总有人不会认可。

关于跳槽：你有自知之明吗

似乎每个人大学毕业后所进入的第一家公司都会遇到一些挫折。我人生的第一家公司是一家不出名的小企业。在我努力了三个月即将转正的时候，公司倒闭了。虽然工作丢了，但是还是有值得让我庆幸的事情——我在那里遇到了我的第一位启蒙恩师，我从他身上学到了正确对待工作的态度。后来，在2007年进入猫扑之前，我曾在一家公司待了一个月。没想到的是，公司临时出了一些大状况，而我所在的部门则被解散了。那是一家上市公司，后来还孵化出了另一家游戏上市公司。这次的失业虽然又一次沉重地打击了我，但我的心态彻底放平了。

作为一个没多少工作经验，却渴望能够得到一份工作的我，曾在烈日炎炎的夏天找过工作，一天面试6个，整个北京来回跑，下雨衣服被淋得透透的，稍微干点儿就进公司面试；也曾在寒风冷冽的大冬天里去面试，面试结果不都是很顺利，好在我坚持下来了，如今依然百毒不侵。

至于为什么要在这篇文章的开头放上个人经历，只有两个目的：一是想说现在互联网环境已经好了很多，找工作的途径丰富且容易不少；二是想说，跳槽这个话题，最多只是个心态的问题。

而我最想了解的问题只有一个，关于跳槽，你有自知之明吗？跳槽之前，我觉得每个人都应该思考一下这个问题，虽然我说得有点儿刻薄。

第一，给你的工资，不代表就是你的价值。

这两年越来越多的公司似乎不缺钱了，行情已经乱掉。我去年面试过一个人，工作2年，手握6个offer，工资最低的16000元，然而他的实际水平我真的不敢恭维。

钱这个东西，即使给你再多，在一定的时间内你会觉得这是你应该拿到的数字——贪婪是人的本性。

第二，不要把平台赋予给你的价值，误以为就是你的个人价值。

人的价值分为两块：个人自身价值+平台赋予给你的价值。工作之初，前者基本上是100%，你需要通过学习、实践、项目等让你的自身修为更加全面，自身价值变高。工作时间越长，平台赋予给你的价值比例则越高。所以工作越久，越要审视和认清自己，究竟自己好在什么地方，差在什么地方。

第三，自己在上一家公司是不可替代品吗。

很多人在写简历时只是罗列工作，很少体现自己带给公司的价值。除非你遇到的面试官是纯管理人员，否则你平时的工作内容他可能不知道吗？你有必要写得那么详细吗？

公司聘你来，是需要让你展现你的个人能力的。如果你完全可以被替代，你的月薪是10000元，现在找个8000元就能取代你的，作为企业，还可能给你升职加薪吗？

公司招人，无非几种情况：

公司开辟新业务——挖坑；

这块业务没人负责了，招个人来打理——接着挖坑；

业务做得不够好，想换个更有能力的人——换个人挖坑。

你好好想一下，如果有好坑，别人屁股正煨得发烫，可能会把坑让给你吗？

从这些可以看出，无论你去哪个公司，其实都是在跳坑，区别就在于这个坑是深还是浅。别从这个坑走出来，跳进了另一个火坑。

　　还有，你既然觉得上一家公司是个火坑，那你当时进这个坑的时候，怎么没好好考虑清楚呢？都没摸过底吗？那种只以自己为中心，一旦公司决策或发展有碍于个人利益时就选择跳槽离开的人，是没感情、不懂感恩的人。就算你觉得这个公司已经跟自己"八字不合"，你迫切地想要离开，我觉得在你跳槽之前，也应该为你的领导和公司考虑一下。

　　至少你曾经在这里奋斗过吧。曾和一群熟识的同事一起愉快地合作过吧。这个公司曾给你一份有薪水的工作，让你不至于饿肚子、流落街头吧。

　　如果你的领导对你还不错，最起码不玩阴谋诡计，那就知足吧。说实话，你真的以为那些业务高手、业界大咖都有可能成为你的授业恩师吗？即便是，他会倾囊相授吗？作为领导，人家肯对你说两句醍醐灌顶的话，就算是一种天大的恩赐了。

　　做一份工作应该是专注的。很多工作并不需要你有超人的智慧和聪明，只要认真、肯下功夫，大家都会喜欢的。一个难题，一次两次不会，可是只要你坚持，都是可以掌握的。但是很多人却选择半途而废，觉得这份工作累就跳槽。久而久之，次数多了，你对任何行业的工作经验都没能掌握，有的只是年岁大了。

　　说了这么多，那么在什么情况下可以跳槽呢？

第一，平台真的无法提供给你足够的个人成长空间。

你做得非常努力和用心，在部门表现名列TOP10时，却依然升不了职、加不了薪，付出和所得严重不成正比的时候。

第二，领导人品不佳。

这种情况下，只能送你6个字了：要么忍，要么走。

你愿意同流合污，那就别怪别人。很多人的价值观就是因为跟了一个价值观扭曲的领导而导致自我迷失的。

第三，对方N倍薪水挖你的时候。

当你工作越久的时候，这个数字会越小，毕竟人均工资逐年也在上涨。

自己清楚自己的价值。如果对方真的慧眼识珠，我觉得作为你的领导，应该敞开胸怀欢送你。反正，留你也留不住，不如做个顺水人情。

第四，你真的非常缺钱的时候。

这个不解释了。但缺钱是相对的，谁不缺钱？不要张口闭口就谈钱，多俗啊。如果你真的到了勒紧裤腰带过日子的时候，那大家就互相理解一下吧。

第五，某个公司把你当心肝宝贝重点培养的时候。

遇到一生的贵人，并且还是权威、高人真的非常器重你，肯给你足够的发展空间一展抱负的时候，哪怕是让你去救火。这种情况可遇不可求，如果遇到就从了人家吧。所谓"惺惺惜惺惺，好汉识好汉"就是这个道理。

第六，公司严重逆势。

这种情况就需要自我判断了。我自己逆势了好多年，这种情况下不是什么人都能一直承受的，除非你确定了你真正需要的东西。

逆势的结果，是需要你付出比顺势情况下还要多几倍的努力，才能抹平因此造成的缺憾。这真的需要勇气。

综上就是我对跳槽的一些看法。

也许因为一念执着，成就了一个不同命运的你；也许因为一个决定，让你一度追悔莫及。

职场，就是一场没有剧本的演出，选择进入一家公司之前，谁也不知道以后会发生什么，以及将带给你什么。

谨以此文献给那些准备跳槽的人，和那些同样始终坚持梦想的人。

向钱看齐，还是向能力看齐

这是一个足以困惑全天下所有互联网从业者的话题。每个人的境遇、个性、追求皆不同，我不能要求所有人都和我有一样的观点。记得我之前发起过类似的话题，当然是站在另一个视角，普遍反馈都还好，当然也有一些骂声。他们认为既然个人有能力，企业就必须要匹配对等的薪资，如果不跳槽而谋求这个所谓的价值，那必是傻子一个，天理难容。

其实能力这个东西，非常虚，因为它无法用一个大家都公认的能准确界定的数值来定义。你说你能力强，周遭一定会有人用异样的眼光看着你，总有人不会认可。

在我们大学同寝室室友的一次聚会上，我曾信誓旦旦地说："我也算是互联网老兵了，从毕业就进入这个圈子，而今十多年了，在运营这块我算很有发言权的人了。"

我一个同学马上说："我认识百度的一个副总裁，人家就比你强，你和人家没得比。"

我想想，也是啊，很多人看问题更喜欢用职位、出身、学历、年限、年龄、薪资等作为界定能力的标准。因为他们不是圈内人，你说你强，一点儿用都没有，你不能用实际行动来证明自己的能力。所以你说的话就会被他们认为是胡话、狂话，即使你真有狂的资本。

从那以后，我渐渐开始低调。其实想想，自己确实也没做过什么丰功伟绩。那么，我们应该如何看待钱和能力平衡点的问题呢？

一、认清你在公司的能力和价值

先从公司和你做同样或者类似工作的人里去比较。正常来讲，每个人都应该对自己有个基本的评判。比如，每次我面试时都会问对方："你部门里有几个人？你觉得在里面你能排第几？"

我并不期许每个人都说"我排第一"，因为说了我也不一定信。但如果对于这个问题你想都没想过或者根本回答不出来，那就有问题了。绩效考核总有吧？如果你觉得不客观，觉得领导的印象分太高，那你都有哪些工作做得还算优秀，这总能列出来吧。

我们从来不期望公司里面的所有人都对你竖大拇指，从人性角度上讲，这也绝对不可能。我觉得，你对自己应该有一个基本的客观公正的价值肯定。所谓自知之明，一定是要有的。

如果你觉得自己的价值不能在公司或者领导心目中得到认可，也可以主动问一下你的领导。有经验的领导，一般会告诉你。

当然这个适用于基层员工，对于业务负责人可能就显得难以界定，因为在一个公司里很难比较。

二、看清行业里所谓的"标准"

现在网上有很多这样的文章：《2015互联网公司薪酬报告出炉：你拖后腿了吗？》《××家IT互联网公司薪水一览表》《2015应届生薪资待遇：互联网企业称霸》等，其实这些文章有很大的水分。这些文章标题都足够吸引眼球，但其实仔细看内容以后，你会发现有很多限制条件，所以不可全信，看看即可。

有的文章甚至并没有准确的依据可言，不少甚至都可能是招聘网站、猎头公司放出来的风。

其实尘世越喧嚣，我们越应该冷静。不要光看到你同学、朋友工资有多少，你就理所应当地认为你也应该拿多少。毕业之后，资历、背景相同的两个人，可能若干年之后就已经是天壤之别。同样是总监，有年薪几万的，有几十万的，有几百万的，能一样吗？那么，如何正确认识自己在行业内的价值呢？

第一，如果是一家非常正规的公司，它会按照行业标准，每年定期调整员工薪资的。

当然，我也见过很多故意压低员工整体薪资的，理由有很多，还可能说得非常委屈。这时候就看你是否接受了，不接受大可以一走了之。

第二，猎头一般会给你一个相对客观的估值。

前提是这个猎头有良心，有良心的前提是和你关系还不错。从全行业讲，他们拿到的一手信息应该是最全面的。某种程度上说，看到你的简历，再与你攀谈过后，基本上就能知道你的价值是多大了。

第三，价值一般都是在一个区间。

虽说公司都是禁止讨论工资的，我也从来不讨论这种话题。但基本关系近一些的同事，大家都很清楚彼此的工资。这是避免不了的。其实就算你人缘一般，正常情况下，大致的区间，行业基本上都会有一个通行的标准，你应该知道的。

三、太看重钱或者能力，会使人走向两个极端

摈弃诱惑，是一种能力。我知道，面对一个大馅饼，谁都会有冲动的欲望。我们要学会判断这种诱惑，值不值得去冒这个险。

这些年我其实拿到过很多次其他公司的offer，但都因为各种

原因最终拒绝掉了。我在猫扑的7年，也曾多次有过动摇。正常人都会选择一个相对顺一点儿、对自己有利的环境，这样价值也好，金钱也好，会更稳定一些。而我却在逆势而为。

其实原因很简单，当时的猫扑有一个非常适合学习的环境。BAT太大，大到你只是一颗螺丝钉，做多少年都一样是个螺丝钉。能力积累到一定程度，再去也不迟。当然我不是说BAT不好，我只是抱有一个这样的原则——工作之初，应该尽可能多的积累、历练和实践，那么，就需要你舍弃各种诱惑，不要太安逸，不要让自己停下来。只有找到一个相对合适的平台，才能检验你的成色。

学习—成长—爆发，这是一个不可逾越的过程。为自己未来的20年、30年努力积攒一个厚积薄发的资本，是值得的。

现在回想起来，那段经历确实有些辛酸。虽然我和很多人聊天的时候，总是习惯打马虎眼说句没什么，但如果非要我给大家一个中肯的建议，我一定会说："钱和能力，还是要找一个平衡点。毕竟时代已不同。"

我本人就是一个注重能力极端的例子，以至于工作多年从来都没主动跟老板提过一次加薪的要求。我觉得我不应该成为一个榜样，而应该作为一个教训，一个没有找到平衡点的案例。所以说，该努力争取就要努力争取，争取不到，就继续努力。

四、以做事为安身立命之本

我的QQ签名就四个字：做点实事。我是这么写的，更是这么做的。只是眼看就要一把年纪，却还没做过什么轰轰烈烈的事，对此还挺遗憾的。

我只是想做点儿事情，证明自己不是一个废物。所以，我从来不会为了升职加薪去刻意讨好领导，讨好某个人。大家都是为了工作，没必要为了工作而舍弃尊严。

我觉得既然进了这家公司，就应该努力证明自己的价值，证明自己跟别人是不一样的。过程是苦涩的，但是我对得起自己的良心。

任何一个企业的员工，都应该努力陪着你的公司成长下去，学会在过程中找成就感。这份成就感，不一定来自加薪、升职，也许只是领导的一个称赞，更重要的是自己对自己的认可。

你应该学会享受这个过程。当这段经历过去，也许结果并不是那么美好，公司认可你当然更好；但不认可也无所谓，自己觉得做到问心无愧就好。

五、薪资随缘，踏踏实实积累能力

钱这个东西是个无底洞，没有人觉得够。同样，如果每个人都是自己来衡量自己的价值，基本上也是没有标准的。

我们羡慕很多人走狗屎运的同时，也应该看看到底别人为什么走了狗屎运，也许是因为他们付出了很多你看不到的心血；也许人家就是单纯的运气好；也许人家懂得选择和取舍，懂得长远规划；也许……

这种事，随缘，努力争取就行了。

我们唯一能做的、始终坚持的，就是不断地提高自己的能力，让自己一直成长。这个世界上，永远有比自己更强的。所以，永远别觉得自己已经足够努力了，而应该保持一颗健康的心灵，积极向上。

钱和能力的平衡点，归根到底，取决于你的心态。不要高估自己，也不要看轻自己，自己值多少钱，应该有个基本的判断。不管谁的话，都只能做个参考。所谓心态决定命运，说的也是这个道理。保持一个平静的心态，不要慌张，莫问前程，只管踏踏实实地去学习。牛奶会有的，面包也会有的。

梳理一下你的职业规划

看到一句话，我觉得特别好，分享给大家：每个人都应该把自己当作品牌来经营，你的每一次亮相、说过的每一句话、做过的每一件事，上面都标志着你自己的logo。十年之后，你究竟是香奈儿还是路边摊，都是自己造就的。不奢望这一辈子有多成功，但是不断地提高自己，你才值得拥有更好的未来！

不知不觉，工作已十多年。我有时候挺失落的，工作这么多年却依然一事无成，也没形成自己的品牌。既然不是一个成功者，所以跟大家谈这个话题，姑且摆平心态，也没必要说大话。写这篇文章主要是为了自省，总结自己这些年的一些得失。

一、把兴趣和工作结合，才是工作的最高境界

术业有专攻，要做自己最擅长的。要清楚自己的上限。比如

我，我可以成为一流的运营人员，不一定能成为一流的产品人员，至于技术，懂点儿皮毛而已。我有自知之明。

二、问问自己的本心，到底需要什么

你有没有问一下自己的内心，自己到底需要什么？为了钱或为了学习，结果完全不同。我见过很多"90"后，月工资已经过万，至于能力根本不值这个价。如果仔细过一下简历，你就明白怎么回事了。

我不太赞成"年纪轻轻就冲钱去"的想法，当然得能养家糊口才行。我毕业的第一份工作工资是1492元，2005年，第一个月拿了900元，只好住在280元一个月的地下室里。那段经历，我现在还记得。也正是那段经历，使我在以后的人生道路上有了一个平和的心态。

看到别人拿高薪、功成名就、儿女绕膝，谁心里不会一颤？大家都是人。但无论如何还是要清楚自己现在处于一个怎样的位置和阶段——成长的过程，是不可逾越的。

很多时候，钱与权，会让人迷失本心、扣上枷锁，走向一条自己内心并不想走的路。为此，我更欣赏厚积薄发的人。

三、关于职业选择的一些意见

我从小就很好强，从来不会让自己输给别人。我有十多年的运营经历，有时候觉得自己已经很强了，毕竟我能做到的很多事情，周围的人没多少能做到。但最终的结果，我并不满意。

如何选择自己的职业，总结下来，我觉得是这样的：

第一，首先看这个项目是否靠谱。

这是基本的出发点。即便别人说得天花乱坠，你也应该静下心来理性思考、长线分析。如果这个项目根本不靠谱，那就不要参与。

年龄越大，时间越宝贵，年轻时可以义无反顾，但千万别抱有侥幸的心理。

第二，看老板的格局。

老板的格局决定公司的未来。性格这玩意，是骨子里面的东西，不是你想改就能改的，老板也不会因为你而改变。老板永远不会把你摆在和他平等的位置上，因为他是老板。

有魄力的老板有吗？有，他们都成功了。但你敢拿你的青春赌他的未来吗？你不敢。

人品是很重要的，人品差的老板别跟，跟了你一定后悔。

第三，看这份工作能给你真正带来什么。

选工作看钱，说白了只是下下策。钱很重要，但不是全部。没有哪个公司是完美的，如果你为了学东西，那就得懂得舍弃。

如果这个公司能给你带来蜕变，那绝对是最值得的。

第四，看你的领导。

领导是你的引路人，但并不是每个领导都能辅导你的具体业务，所以往往很多人的经验都是自己摸索出来的。

遇到懂业务还能放权让你做事，给你提供学习和锻炼的机会，支持你的工作，真心帮你提升的领导，你就应该懂得珍惜了。相反，帮你做工作却不能帮你指明方向、对你的错误一味纵容的领导，那是害你。

第五，最后才看薪资和待遇。

有些时候，眼光还得放长远一点儿，属于你的早晚都会属于你。种瓜得瓜，种豆得豆。我有一些同学，毕业时工资就七八千。那时在我们看来是天文数字，可现在依然如此。

四、要顺势，不要逆势

我的经历其实一直都是逆势。如果当年进入的是一个成长型的顺势公司，以我的努力程度，本不至于像现在这样。很多时候，趋势是不可以逆转的，毕竟大部分人不是决策层，公司因为你一个螺丝钉的努力而改变，这种概率不大。

好的平台能让你的成长加速，让你的个人价值加速，增强自信心，赢得美好的未来。总之，有时候，选择比能力更重要。

五、关于职业规划

职业规划必须切实可行，定5年以上的职业规划毫无意义，5年后，你还不知道在干吗呢。

最好的方式是按照月、半年、一年这么定。宗旨是保证自己一直在进步就行。

做规划也不一定非要写个文书贴在墙上，只要执行不了，就是废纸一张。这就好像健身，能一直坚持下来的没有几个。

我每年到年末的时候，都会认真思考一下自己比上一年有哪些进步。职位升了没有，工资涨了没有，经验涨了多少，做出了哪些业绩。当然，这得看你最看重哪一点。我是事业型的。

有很多人不到30岁，这一生的人生曲线就平了。3年过去，5年过去，10年过去，都是这样。当然，这样的人生未必不好，人说平平淡淡总是真。但这不是我想要的人生，如果这样，我会觉得自己很可悲。

六、关于成败

如何界定成功？大成是对社会、对行业、对时代、对人类产生积极的贡献，所以集大成者少。小成则来自于内心，你觉得自己成功，就是成功。

有个"90后"上了一个电视节目，狠狠地炒作了自己和自己的产品一把，平日里还跟网友骂架，这算成功吗？

但凡集大成者，比如马云、史玉柱、雷军等，起起落落，最终光耀门楣。这种人才值得崇拜，人家这几十年吃了多少苦，有谁知道？咱们只看到人家吃肉，却没看到人家忍饥挨饿的时候。

其实，反念一想，这十多年能一直坚持下来，我也挺佩服自己的，这也算一种成功吧！

写这篇文章，既是对自己的总结，也希望大家能敞开自己的内心，仔细想清楚自己究竟想要什么，自己接下来应该如何去做，人生需要不断总结错与对。另外，也希望给当前身处迷茫的人一些建议。

后 记

互联网顶级运营最强速成攻略

在整个互联网中，运营是一个门槛很低的职业。虽然看似很简单，但实际上越往后越难。你会发现你需要学习的东西越来越多，类似于"懂得越多，也就越无知"这种感觉。这就好比武侠小说里的学武之人，谁都能比画几下，但真正能"华山论剑"的高手却少之又少。这也是很多公司很难觅到优秀运营人才的主要原因。

那么什么样的人才能称得上优秀的运营人才呢？在我看来，必须具备以下几个条件：

第一，在国内一线社区或者中型以上互联网公司工作4年以上，从一线做起且能成为中流砥柱的人。

符合这一点的人其实并不多，哪怕互联网行业已经存在超过

20年。而现在能在一家公司熬4年以上的估计就更少。更何况，很多人工作没几年便远离一线了，能有4年以上一线经验、认认真真静下心来磨炼自己业务功底的人其实非常有限。

运营磨炼意志。所以，顶级的运营人才一定是陪伴这个公司一起成长，在不断地学习和实践中积累真知的人。心浮气躁、频繁跳槽的人永远不会成为最优秀的运营人。

为什么不是BAT这样的大公司？原因是这种巨型公司更像一个流水线，你充其量也就是一枚小小的螺丝钉。大公司的确能给你光环，但不代表能给你最佳的学习环境。你可以在某一方面做到极致，无可挑剔，但顶级运营需要练就的是综合能力，你可以把一面墙粉刷得很漂亮，但不代表你有能力盖一栋最好的房子。

为什么不是小公司？运营不是空理论，看一千篇文章不如自己多实际操作几次。当你所有的运营思路和想法都得到用户的认可后，才能证明你的能力是出众的；而没有足够的用户基数来帮你验证，也就意味着你所有的想法都只是假设。

你要知道，做运营始终要面对用户，面对用户最多最频也最难的就是社区运营。互联网发展至今，国内顶级的社区不超过100家，这些社区里面能囊括多少顶级运营？而当微博、微信和现在很多新型社区出现以后，以前那些以运营为驱动的社区被冲击得七零八落，用户被大量分流。在这个产品不行就一定会死的时代，运营人员更加需要实时更新自己的思维，与时代接轨。

第二，综合能力足够强，至少精通三种以上的运营模块。

运营需要极强的综合能力，如果你只是每天满足于做好本职工作，那你绝对不可能成为顶尖人才。任何一项技能的获得，都需要在背后付出更多的辛劳。

运营要学习的地方非常多，并且需要不断地去实践，否则你就不会知道运营过程中会遇到哪些问题。你懂得越多，就相当于打通了任督二脉——一通则百通，你会拼命学习，并且越来越懂得如何弥补自己的不足之处。事实就是这样。

如果有一天你能负责一个项目，你就会发现，运营这个环节无非是若干个运营模块如何有效地排列组合的过程。而在这之前，你需要接触并且掌握更多的运营模块。

第三，具备运营的品格和特质，具备追求极致的精神。

你做什么工作其实并不重要，哪怕是一些看似简单重复、枯燥乏味的工作。重要的是你在运营过程中学到的东西、吃过的亏、磨炼的意志和特殊的品格，以及你对于工作最本质的思考，这些才是你一生最受用的财富。

做运营需要耐得住寂寞，要有一种不管做任何细节都要力求达到极致的品格，你要做到最后能让自己满意才行。别人花8小时，你花10小时，若干年后，你将发现你与他的差距并不是简单的1.25倍，而是N倍。

第四，至少有几个能让自己引以为傲的"成功"的项目。

做一些细碎的运营工作和负责一个项目是两个层面。

很多人终年做着同样的工作，也能做得很好。我见过一些做了N年编辑的人，也曾获得了很多奖励。当然这是基础，我从来不主张揠苗助长，但我更不主张一成不变，所以我会鼓励我的团队成员定期轮换工作。

试想，如果你没有独自运营一个项目的经历，那么你怎么能在未来的日子里更加自信地承担更大的责任呢？其实，获得自信的方式很简单，无非是一开始对待小事情就严格律己，比别人做得更极致，然后一件件积累起来，最终成功攀上高峰。项目也是一样，找到感觉了，便会一发不可收拾。

说到底，谁都不是最强者，运营没有绝对的捷径可言，要想成为最强的运营人员，从而屹立于华山之巅，我们每个人都需要努力！

附 录

运营人员必知的30个硬道理

★无情之人，做不好社区。

★工作想要做到最好，有三种境界；第一种，把工作当成工作；第二种，把工作当成事业；第三种，叫把工作当成儿子。

★最好的运营是综合能力够强、视野面够宽、内心够强大，且耐得住寂寞的人。

★最好的产品，是一个能衔接好各个环节的纽带。

★能成为你的领导的人，一定有他的过人之处。如果遇到一个业务能力很强、人品不错，又肯教你本事的领导，那就知足吧！其实，什么都懂的领导，真没那么多。

★从没接触过用户的产品经理根本不配做产品。你做的其实是一个只满足你个人需求的产品。

★厉害的公司的确能给你一个光环，但不代表你就厉害。

★工作前10年是积累经验最好的时期，这10年决定你的未来。这10年里，至少要在一个公司好好沉淀3~4年，因为经验是需要连续的。

★用人单位最看重的是什么？他们更看重你在以前公司积累的内在的东西，不是你平时做了什么，而是你做出了什么成绩，你有什么资源，你在这个公司的成长轨迹，你给这个公司带来了什么。不信你去问问猎头。

★有很多人，都是在不断跳槽中迷失了自己。

★抱怨是徒劳的，再怎么抱怨，活儿也得继续干。关于这个问题，我给六个字：要么忍，要么走。

★在团队里到处传播负面情绪的人，一定要开掉！哪怕他能力再强也要开，因为他抱怨得越多，内心就变得越弱小。

★自学能力对于所有互联网从业人员都非常重要。尤其是运营人员——因为运营涉及的东西实在太多了，而且没有正式的教程。

★运营，其实没有什么捷径。实战才是王道，看再多的书，听再多的课，不如自己多练一次，基本功很重要。

★我不相信任何方法论，因为运营更需要灵活性，循规蹈矩、按部就班必死。

★以前做运营的时候看那些产品，觉得它们有一堆问题、缺点。当我自己做产品时，发现做产品真的挺难的。这时候，我再回头看运营，又是另一个视角。人生就是这样，别总说别人的不是，只要换个角度，你会发现，谁都不容易。

★一个好的运营会懂得感恩，会在不知不觉中被用户感染、感动，会发现他们其实挺可爱的。

★不要把自己的责任归咎给用户，工作做不好，就是你自己的问题。

★做运营，一定要经常逼自己做总结，别只顾闷头做事。有太多人肚子里的墨水就是倒不出来，你说难受不？

★谁都可以成为一个社区的灵魂，灵魂不一定是CEO。

★工作最可贵的是什么？工作过程中磨炼出来的责任心、态度、对细节的关注、坚韧和坚持、逆境商、做事的魄力、价值观，这些才是一个人成功与否的制胜法典。

★有时候，选择比能力更重要。会选择是一门学问，事实就是这样。

★用户运营的核心出发点只有四个字：尊重用户。

★工作的时候也要居安思危，想想你离开这个公司还能剩下多少东西？如果啥也没有，那就继续干活吧。

★你永远遇不到最完美的公司，在任何公司，你都可以学到很多东西，要做个有心人。

★你有生之年不可能做完运营工作所涉及的所有环节，但你可以尽量涉猎。涉猎的前提是，把当前你正在做的东西先夯实好。

★我说我愿意用10年时间来磨炼自己，可以承受任何委屈、任何苦楚、任何不被理解，摒弃钱的诱惑，积累冰山以下的东西，换我未来10年、20年的生活。有人说："类，你太傻了。"爱咋说咋说去吧，我相信傻人早晚会有傻福。

★有一点我很庆幸，从小员工升到总监，我一级都没落过。每一级，我都收获很大。人的成长是需要过程的，没恋爱就结婚，一定有问题。拔苗助长不是对每个人都有好处，得看人。

★把兴趣和工作结合在一起，会让自己变得更强大。当年我误打误撞进了互联网，并慢慢喜欢上了它。这说明兴趣是可以被改变和慢慢培养的。

★工作越久，职位越高，懂的越多，越觉得自己很"无知"、啥都不懂。一个人的能力总是有限的。学无止境，我还在学习！

倾情推荐

我并不知道有多少人在拿到这本书后，通过阅读能够积累对多少名词的理解，或者多少运营方法的掌握，但我知道，如果作者鼓励你要实践，那么至少这个作者对你是负责的。

——《从零开始做运营》作者：张亮

类类是个有故事的运营人，他的文章源于自己多年一线运营工作的反思总结，读者从这些运营案例中或许可以找到一些适合自己产品的运营方法。

——梅沙科技创始人：兰军

国内最早一批优秀的运营人才，往往诞生于社区，而曾在猫扑负责过运营的类类，恰恰就是这样的人。由这种前辈级的江湖高手所写所讲出来的运营，一定会很好看。

——互联网人学习社区创始人：黄有璨

你把用户当朋友，以诚相待，用户自然对你"言听计从"。如果你想知道如何在运营中与用户打成一片，此书是不错的选择。

——大街网运营副总监：韩利